DISCLAIMER

This Book Comes With Free Bonus Puzzles

Available Here:

BestActivityBooks.com/WSBONUS20

5 TIPS TO START!

1) HOW TO SOLVE

The Puzzles are in a Classic Format:

- Words are hidden without breaks (no spaces, dashes, ...)
- Orientation: Forward & Backward, Up & Down or
  in Diagonal (can be in both directions)
- Words can overlap or cross each other

2) ACTIVE LEARNING

To encourage learning actively, a space is provided next to each word to write down the translation. The **DICTIONARY** allows you to verify and expand your knowledge. You can look up and write down each translation, find the words in the Puzzle then add them to your vocabulary!

3) TAG YOUR WORDS

Have you tried using a tag system? For example, you could mark the words which have been difficult to find with a cross, the ones you loved with a star, new words with a triangle, rare words with a diamond and so on...

4) ORGANIZE YOUR LEARNING

We also offer a convenient **NOTEBOOK** at the end of this edition. Whether on vacation, travelling or at home, you can easily organize your new knowledge without needing a second notebook!

5) FINISHED?

Go to the bonus section: **MONSTER CHALLENGE** to find a free game offered at the end of this edition!

Want more fun and learning activities? It's **Fast and Simple!**
An entire Game Book Collection just **one click away!**

Find your next challenge at:

BestActivityBooks.com/MyNextWordSearch

Ready, Set... Go!

Did you know there are around 7,000 different languages in the world? Words are precious.

We love languages and have been working hard to make the highest quality books for you. Our ingredients?

A selection of indispensable learning themes, three big slices of fun, then we add a spoonful of difficult words and a pinch of rare ones. We serve them up with care and a maximum of delight so you can solve the best word games and have fun learning!

Your feedback is essential. You can be an active participant in the success of this book by leaving us a review. Tell us what you liked most in this edition!

Here is a short link which will take you to your order page.

BestBooksActivity.com/Review50

Thanks for your help and enjoy the Game!

Linguas Classics Team

1 - Antiques

```
M  T  M  G  R  C  U  S  L  O  C  E  S  D  H
O  I  O  G  E  G  C  T  I  H  C  E  V  J  I
N  D  B  H  S  E  W  I  C  A  B  G  I  Q  D
E  F  I  C  T  V  E  L  I  Ţ  I  B  T  F  P
D  Z  L  M  A  O  T  A  Ţ  L  D  A  O  I
E  I  I  U  U  T  J  O  A  W  E  D  R  N  N
A  I  E  K  R  I  T  U  Ţ  E  Ă  E  O  A  V
E  R  R  Y  A  U  U  Ţ  I  E  R  C  C  U  E
L  E  T  G  R  N  K  E  E  I  U  E  E  T  S
E  T  V  Ă  E  Ș  D  R  R  R  T  N  D  E  T
G  U  C  A  L  I  T  A  T  E  P  I  P  N  I
A  J  K  E  L  B  F  O  S  L  L  I  F  T  Ţ
N  I  T  G  P  O  O  L  R  A  U  H  N  I  I
T  B  R  O  C  E  K  A  U  G  C  Ţ  F  C  I
Y  Ţ  N  X  F  N  U  V  Ţ  Y  S  G  G  R  L
```

ARTĂ
LICITAŢIE
AUTENTIC
SECOL
MONEDE
DECENII
DECORATIV
ELEGANT
MOBILIER
GALERIE

INVESTIŢII
BIJUTERII
VECHI
PREŢ
CALITATE
RESTAURARE
SCULPTURĂ
STIL
NEOBIȘNUIT
VALOARE

2 - Food #1

```
S  S  P  A  N  A  C  R  A  M  L  N  U  H  E
C  S  E  K  Y  S  O  Y  Z  M  P  U  L  Q  K
O  J  M  V  C  Q  I  I  H  U  E  Q  A  T  Y
R  V  B  H  E  A  U  G  V  F  B  O  K  S  O
Ț  S  C  B  A  L  S  Ț  K  U  K  U  Q  Y  H
I  T  F  V  P  L  U  N  I  O  R  U  T  S  U
Ș  G  A  S  Ă  O  B  V  A  Y  R  P  A  R  Ă
O  A  N  A  V  K  E  K  P  P  K  Z  C  P  N
A  B  Z  R  O  U  Z  A  H  Ă  R  C  Ă  I  H
R  N  A  E  L  V  E  U  E  S  Y  W  P  Q  B
Ă  W  E  C  N  T  I  O  N  I  N  Z  Ș  S  X
S  F  T  F  W  O  Â  I  W  A  I  B  U  E  T
S  M  P  I  D  N  M  O  R  C  O  V  N  O  Z
A  R  A  H  I  D  Ă  O  O  U  B  O  Ă  I  G
S  A  L  A  T  Ă  L  Q  M  S  U  P  Ă  P  P
```

CAISĂ	ARAHIDĂ
ORZ	PARĂ
BUSUIOC	SALATĂ
MORCOV	SARE
SCORȚIȘOARĂ	SUPĂ
USTUROI	SPANAC
SUC	CĂPȘUNĂ
LĂMÂIE	ZAHĂR
LAPTE	TON
CEAPĂ	NAP

3 - Measurements

```
U  Ă  A  K  I  L  O  G  R  A  M  X  H  Î  G
I  N  K  D  I  T  S  V  B  E  F  Q  I  N  J
N  O  C  Q  Â  V  O  L  U  M  A  K  E  Ă  F
C  T  C  I  K  N  C  J  Ţ  G  K  K  G  L  X
H  L  E  J  C  Y  W  U  Q  R  C  Ţ  K
M  Ă  N  D  T  E  F  I  U  R  T  I  L  I  T
A  Ţ  T  K  A  W  W  U  M  T  U  N  I  M  X
S  I  I  M  T  H  V  I  A  E  G  Ţ  N  E  Z
Ă  M  M  E  U  Y  G  L  R  M  C  R  P  T  E
E  E  E  T  E  Q  A  U  G  O  W  M  A  Z  C
Z  O  T  R  R  I  R  N  Z  L  A  X  D  D  I
C  J  R  U  G  Z  S  G  L  I  W  C  O  D  M
L  I  U  Z  M  K  N  I  Z  K  S  K  F  N  A
Ţ  W  D  M  D  G  V  M  U  Ţ  C  A  X  U  L
B  H  X  T  Y  D  P  E  T  Y  B  A  B  S  U
```

BYTE	LUNGIME
CENTIMETRU	LITRU
ZECIMAL	MASĂ
GRAD	METRU
ADÂNCIME	MINUT
GRAM	UNCIE
ÎNĂLŢIME	TONĂ
INCH	VOLUM
KILOGRAM	GREUTATE
KILOMETRU	LĂŢIME

4 - Farm #2

```
Ţ  L  A  I  G  V  H  T  R  H  H  D  M  R  R
R  I  N  R  L  R  Y  Ţ  K  A  C  D  I  T  B
A  V  I  I  O  U  Â  V  P  M  F  R  U  C  T
E  A  M  G  U  T  N  U  Q  B  O  A  I  E  M
V  D  A  A  F  R  C  C  T  A  O  R  Z  E  Q
E  Ă  L  R  E  A  E  A  Ă  R  P  A  F  F  R
G  M  E  E  R  Ţ  T  Y  R  P  O  R  U  M  B
E  A  T  F  M  Ă  N  P  P  T  V  N  U  U  I
T  L  P  V  I  W  E  J  H  B  Ţ  I  V  A  Q
A  M  A  L  E  I  M  S  L  Q  R  V  V  F  P
L  N  L  I  R  R  I  F  I  S  C  G  V  Y  Q
G  L  X  I  C  D  L  R  U  D  N  H  T  A  X
D  Ţ  M  Z  K  T  A  A  L  I  T  A  H  P  U
M  O  A  R  Ă  D  E  V  Â  N  T  N  O  S  W
G  C  O  P  Ă  S  T  O  R  L  X  D  K  K  H
```

ANIMALE	LAMĂ
ORZ	LUNCĂ
HAMBAR	LAPTE
PORUMB	LIVADĂ
RAŢĂ	OAIE
FERMIER	PĂSTOR
ALIMENTE	TRACTOR
FRUCT	VEGETAL
IRIGARE	GRÂU
MIEL	MOARĂ DE VÂNT

5 - Books

```
D P O V E S T E N V I Y S G O
R U M C H U G I V K N A M O R
A E A T R A G I C I V Y Z P O
R A L L P X H I X C E S P L T
E H V E I J V O Z U N C A I U
T X T E V T E P I C T Ţ G N A
I B Y Q N A A H F N I C I D R
L Z I O E T N T K A V O N E S
S C R I S R U T E R C N Ă U K
I S T O R I C R V A I T K M N
C Y X D P O E M Ă T T E J O T
N F H U F N G R L O I X C R N
M P O E Z I E P Ţ R T T Q L R
C W E Y E I Ţ C E L O C L P V
M R Y T W K G U I Z R B T Ţ W
```

AVENTURĂ
AUTOR
COLECŢIE
CONTEXT
DUALITATE
EPIC
ISTORIC
PLIN DE UMOR
INVENTIV
LITERAR

NARATOR
ROMAN
PAGINĂ
POEM
POEZIE
CITITOR
RELEVANT
POVESTE
TRAGIC
SCRIS

6 - Meditation

```
R  E  S  P  I  R  A  Ț  I  E  Q  N  R  I  E
Y  I  T  E  H  V  V  P  G  B  K  A  E  D  Ț
B  R  B  H  U  T  V  P  A  C  E  T  C  P  T
H  U  Y  W  M  Q  G  P  W  N  R  U  U  M  Y
Ț  D  N  X  N  J  Y  F  Y  F  A  R  N  U  A
N  N  V  Ă  K  E  R  E  C  Ă  T  Ă  O  Z  T
R  Â  Q  K  T  R  F  K  W  I  P  X  Ș  I  E
T  G  J  D  L  A  T  N  E  M  E  R  T  C  N
T  R  E  A  Z  C  T  E  Ț  N  C  T  I  Ă  Ț
G  Y  Y  M  D  Ș  Ț  E  M  V  C  W  N  J  I
O  B  I  C  E  I  U  R  I  O  A  H  Ț  I  E
V  V  G  Y  I  M  L  A  C  O  Ț  U  Ă  Ț  M
T  V  C  L  A  R  I  T  A  T  E  I  U  K  T
P  E  R  S  P  E  C  T  I  V  Ă  O  I  C  G
C  O  M  P  A  S  I  U  N  E  V  M  M  P  R
```

ACCEPTARE	BUNĂTATE
ATENȚIE	MENTAL
TREAZ	MINTE
RESPIRAȚIE	MIȘCARE
CALM	MUZICĂ
CLARITATE	NATURĂ
COMPASIUNE	PACE
EMOȚII	PERSPECTIVĂ
RECUNOȘTINȚĂ	TĂCERE
OBICEIURI	GÂNDURI

7 - Days and Months

```
L  U  D  N  S  D  R  S  R  C  C  S  W  M  E
G  U  X  T  Â  U  R  E  M  A  C  Ă  M  I  W
W  Q  N  K  M  M  R  P  M  L  K  P  M  E  A
A  V  A  Ă  B  I  V  T  V  E  K  T  F  R  M
K  U  N  W  Ă  N  I  E  R  N  E  Ă  E  C  A
S  V  G  G  T  I  N  M  K  D  I  M  B  U  R
R  Y  M  U  Ă  C  E  B  L  A  R  Â  R  R  Ț
X  O  H  Q  S  Ă  R  R  X  R  A  N  U  I  I
O  A  Q  S  Y  T  I  I  O  X  U  Ă  A  B  S
Ț  P  E  I  R  B  M  E  I  O  N  L  R  P  S
E  R  I  I  N  E  E  I  N  C  A  Ț  I  R  R
L  I  L  J  T  M  Ț  I  U  Ț  I  V  E  X  G
V  L  U  O  Y  R  U  W  L  D  D  M  F  T  G
O  I  I  I  G  K  A  L  J  T  R  V  J  A  R
L  E  S  E  I  R  B  M  O  T  C  O  Q  J  R
```

APRILIE   NOIEMBRIE
AUGUST   OCTOMBRIE
CALENDAR   SÂMBĂTĂ
FEBRUARIE   SEPTEMBRIE
VINERI   DUMINICĂ
IANUARIE   JOI
IULIE   MARȚI
MARTIE   MIERCURI
LUNI   SĂPTĂMÂNĂ
LUNĂ   AN

8 - Energy

```
V  B  P  N  P  U  L  K  V  K  I  R  X  C  H
Â  A  C  O  O  Q  N  G  B  R  N  N  M  O  I
N  T  N  R  L  G  D  F  M  D  D  R  O  M  D
T  E  Y  M  J  U  H  C  M  X  U  E  T  B  R
E  R  V  R  O  P  A  K  Q  T  S  G  O  U  O
E  I  Z  K  O  T  S  R  E  H  T  E  R  S  G
X  E  M  U  X  R  O  I  E  W  R  N  C  T  E
P  N  D  E  Z  B  A  R  C  W  I  E  E  I  N
X  R  A  G  D  Ţ  V  A  I  Ă  E  R  L  B  O
A  Ţ  B  R  J  I  A  E  R  N  U  A  E  I  T
F  P  U  T  O  S  U  L  T  I  Ă  B  C  L  O
H  Ă  R  U  D  L  Ă  C  C  Z  W  I  T  D  F
T  U  R  B  I  N  Ă  U  E  N  D  L  R  Z  R
C  A  R  B  O  N  X  N  L  E  R  E  O  K  M
E  N  T  R  O  P  I  E  E  B  Z  K  N  Ţ  K
```

BATERIE	HIDROGEN
CARBON	INDUSTRIE
MOTORINĂ	MOTOR
ELECTRIC	NUCLEAR
ELECTRON	FOTON
ENTROPIE	POLUARE
MEDIU	REGENERABILE
COMBUSTIBIL	ABUR
BENZINĂ	TURBINĂ
CĂLDURĂ	VÂNT

9 - Archeology

```
T  E  Z  T  F  C  M  N  K  G  T  R  G  X  Ţ
E  C  G  L  O  A  X  I  E  X  Y  X  F  O  B
M  H  L  O  S  V  I  A  S  Z  H  T  E  S  I
P  I  L  H  I  Q  S  Y  N  T  Z  N  E  G  H
L  P  B  W  L  H  S  Ţ  V  A  E  G  I  U  F
U  Ă  E  M  O  R  M  Â  N  T  L  R  Ţ  S  R
Z  V  R  H  L  O  W  Q  T  R  S  I  A  S  A
V  C  A  E  X  T  B  N  N  E  V  P  Z  X  G
X  I  U  H  T  Ă  P  R  C  P  S  R  I  Ă  M
K  L  L  Q  F  T  H  T  P  X  W  R  L  R  E
L  E  A  D  F  E  S  A  O  E  J  B  I  Y  N
Ţ  R  V  E  T  C  E  I  B  O  A  N  V  O  T
J  Z  E  S  N  R  H  J  Z  I  G  P  I  V  E
V  E  C  H  I  E  U  I  T  A  T  I  C  F  P
M  C  A  U  F  C  U  Ţ  H  M  K  Z  Z  O  E
```

ANALIZĂ	FRAGMENTE
VECHI	MISTER
OASE	OBIECTE
CIVILIZAŢIE	RELICVĂ
ERĂ	CERCETĂTOR
EVALUARE	ECHIPĂ
EXPERT	TEMPLU
UITAT	MORMÂNT
FOSIL	

10 - Food #2

```
V  R  P  H  A  Ţ  I  P  K  B  P  M  C  B  J
F  B  H  U  B  I  F  L  V  D  G  F  B  A  O
R  Ţ  Ă  N  I  L  E  Ţ  L  I  Y  M  Z  S  U
J  F  N  R  K  O  T  V  M  Ă  J  I  N  U  U
Ă  U  B  O  W  C  Ş  O  L  Z  V  U  Y  A  E
C  Z  C  Ș  I  C  E  R  A  N  I  H  G  N  A
R  I  W  I  K  O  P  R  Y  Â  X  U  N  J  B
E  U  O  E  A  R  G  I  A  R  A  N  Ţ  S  A
P  U  G  C  C  B  C  I  K  B  M  M  R  R  N
U  Z  E  R  O  P  W  I  A  U  R  T  W  U  A
I  R  F  N  Â  L  Y  B  E  J  N  S  I  H  N
C  M  Ă  R  H  U  A  C  I  R  E  A  Ș  Ă  Ă
A  U  C  J  W  O  Ă  T  Ă  N  Â  V  N  P  Q
S  T  R  U  G  U  R  I  Ă  C  N  U  Ș  R  Q
V  O  I  Ţ  V  D  R  I  N  J  W  L  B  Y  V
```

MĂR	VÂNĂTĂ
ANGHINARE	PEŞTE
BANANĂ	STRUGURI
BROCCOLI	ȘUNCĂ
ȚELINĂ	KIWI
BRÂNZĂ	CIUPERCĂ
CIREAȘĂ	OREZ
PUI	ROȘIE
CIOCOLATĂ	GRÂU
OU	IAURT

11 - Chemistry

```
Q C Z J Y C O J D S C E U G V
N D I H C I L Q K A A N Ţ L F
R D U G B M D O S R R Z X Y V
I R H A I O R M R E B I K G W
F O R C W T X O O Z O M Z G B
M T N I Ţ A V Y X L N Ă K A A
G A E D A R U T A R E P M E T
A Z G H L L P R R G P C O M H
Z I I I C C Ă L D U R Ă U A R
Z L X D A I N C U Y A N M L S
Ţ A O R L N O R T C E L E Ţ Ă
I T B O I A Z C Z U L O N Q C
P A H G N G I X B Q C O G I R
J C X E Z R E T A T U E R G N
L N V N D O G S J R N I V D L
```

ACID	HIDROGEN
ALCALIN	ION
ATOMIC	LICHID
CARBON	MOLECULĂ
CATALIZATOR	NUCLEAR
CLOR	ORGANIC
ELECTRON	OXIGEN
ENZIMĂ	SARE
GAZ	TEMPERATURA
CĂLDURĂ	GREUTATE

12 - Music

```
A  C  A  M  U  Z  I  C  I  A  N  O  E  L  A
Î  R  L  L  D  T  O  K  G  W  O  P  E  I  U
N  M  M  A  B  B  A  L  A  D  Ă  E  F  R  T
R  U  F  O  S  U  D  R  W  J  K  R  T  I  H
E  C  V  S  N  I  M  I  U  A  W  Ă  M  C  S
G  Â  P  O  O  I  C  T  M  U  Z  I  C  A  L
I  N  G  N  F  B  E  M  C  I  E  R  C  Ț  D
S  T  B  A  O  S  J  M  E  L  O  D  I  E  G
T  A  C  O  R  O  F  W  B  O  F  G  M  R  M
R  M  R  Ț  C  I  T  E  O  P  W  B  T  Ă  J
A  K  I  D  I  L  P  L  R  C  K  C  I  T  A
R  P  S  C  M  A  R  M  O  N  I  C  R  N  J
E  Ț  Ț  L  E  C  L  E  C  T  I  C  P  Â  H
U  Ț  U  P  P  O  Ț  Z  K  A  T  R  B  C  P
M  X  Q  X  K  V  C  M  Z  W  B  J  F  F  I
```

ALBUM	MUZICAL
BALADĂ	MUZICIAN
COR	OPERĂ
CLASIC	POETIC
ECLECTIC	ÎNREGISTRARE
ARMONIC	RITM
ARMONIE	RITMIC
LIRIC	CÂNTA
MELODIE	CÂNTĂREȚ
MICROFON	VOCAL

13 - Family

```
Q  M  A  T  E  R  N  S  J  F  L  C  P  S  X
M  J  A  H  Z  C  J  O  R  W  I  I  P  O  C
P  J  Z  F  S  O  S  K  U  G  S  I  N  E  M
C  O  P  I  L  P  T  E  T  A  R  F  C  I  G
V  O  H  A  U  I  R  P  A  N  J  B  L  A  R
Ţ  Y  B  M  Ţ  L  Ă  A  T  F  E  M  A  M  Ă
B  T  X  Q  O  Ă  M  Ţ  Ă  A  E  P  R  O  V
T  T  T  Ţ  S  R  O  E  Ş  T  B  D  O  O  I
B  U  N  I  C  I  Ș  R  U  S  A  P  S  T  O
W  N  J  T  V  E  Ţ  N  T  O  E  O  K  S  A
Z  U  G  R  Z  T  D  H  Ă  Ţ  P  N  P  L  J
P  N  W  B  A  M  C  Z  M  I  V  O  Q  E  J
G  C  P  Y  N  F  L  D  M  E  J  C  J  V  N
Ţ  H  X  Z  R  X  E  F  N  H  F  A  F  G  Ţ
T  I  Q  H  S  Z  K  T  V  W  I  Ţ  H  X  E
```

STRĂMOȘ	NEPOT
MĂTUȘĂ	SOȚUL
FRATE	MATERN
COPIL	MAMĂ
COPILĂRIE	NEPOATĂ
COPII	PATERN
VĂR	SORA
FIICA	UNCHI
TATĂ	SOȚIE
BUNIC	

14 - Farm #1

```
F V M L J M V C Â M P G N O Y
L Y E M H Ă N I B L A A L F Z
X C Z J Y C Â U Ț Z F R E S T
X X B V B I F P R E D D Ț E O
F S Z A G S W D K R L E F M D
E Ț X M D I C O G O Q A Ă I B
U Ț D A J P H D B U V E C N I
Î N G R Ă Ş Ă M Â N T R A Ț Z
G F T I Q F R R C P L L V E O
M A X K Ț A A U Z L Y T K I N
Ă R P A C Y O C A F S J J H S
G C D T Ț E I B Â T S G V P F
A H P U P B C Q U I M F J R P
R U O P I P E Y J D N I J J F
M I E R E A B R G E P E B H M
```

ALBINĂ   GARD
BIZON   ÎNGRĂŞĂMÂNT
VIȚEL   CÂMP
PISICĂ   CAPRĂ
PUI   FÂN
VACĂ   MIERE
CIOARĂ   CAL
CÂINE   OREZ
MĂGAR   SEMINȚE

15 - Camping

```
P  Ă  L  Ă  R  I  E  E  G  Ţ  Ţ  H  J  H  D
S  T  Ţ  I  D  U  I  A  X  B  L  A  C  A  L
P  X  A  J  C  Ţ  V  F  D  K  F  R  A  E  G
Z  V  Q  I  C  A  P  O  C  W  D  T  N  Y  Q
V  W  V  S  A  Z  O  C  J  D  L  Ă  O  Q  B
V  F  L  Ţ  B  H  V  P  Q  T  M  F  E  N  U
Â  A  A  F  I  T  A  I  N  S  E  C  T  Ă  S
N  C  N  Ţ  N  H  P  M  X  V  I  A  M  Q  O
Ă  O  S  I  Ă  R  U  T  A  N  H  V  U  U  L
T  R  F  V  M  L  U  N  A  C  G  E  N  H  Ă
O  T  D  B  I  A  M  P  Q  S  N  N  T  R  O
A  S  M  C  G  V  L  U  M  Ţ  Â  T  E  Z  H
R  J  Q  S  Ţ  P  Z  E  D  Y  R  U  G  S  T
E  R  U  D  Ă  P  S  A  D  C  F  R  F  L  Y
D  I  S  T  R  A  C  Ţ  I  E  Y  Ă  Q  Z  H
```

AVENTURĂ
ANIMALE
CABINĂ
CANOE
BUSOLĂ
FOC
PĂDURE
DISTRACŢIE
HAMAC
PĂLĂRIE

VÂNĂTOARE
INSECTĂ
LAC
HARTĂ
LUNA
MUNTE
NATURĂ
FRÂNGHIE
CORT
COPACI

16 - Algebra

```
C P G L B L O J D F G F V E M
C E Ț V G E O F A R R O A C A
T R A Ț S H T M Ț A A R R U T
A R Z E R O P A U C F M I A R
P R O B L E M Ă T Ț I U A Ț I
L I N I A R S M N I C L B I C
F N Q V C E C A E U T Ă I E E
V A U Q J J Ă R N N C N L L P
W I C M I A D G O E K F A L B
F D T T Ă P E A P Y X E Z C O
A D T X O R R I X L M N I S K
L V B A U R E D E I Ț U L O S
S A P A R A N T E Z Ă V W S I
A X G H G S I M P L I F I C A
I N F I N I T E U Z H G F G P
```

DIAGRAMĂ	MATRICE
ECUAȚIE	NUMĂR
EXPONENT	PARANTEZĂ
FACTOR	PROBLEMĂ
FALS	CANTITATE
FORMULĂ	SIMPLIFICA
FRACȚIUNE	SOLUȚIE
GRAFIC	SCĂDERE
INFINIT	VARIABIL
LINIAR	ZERO

17 - Numbers

```
I  N  V  X  E  C  E  Z  E  R  P  S  I  A  P
D  O  U  Ă  Z  E  C  I  U  O  H  G  O  D  T
S  R  R  B  R  C  E  F  C  U  P  H  P  O  R
N  J  T  V  L  E  Z  H  I  X  N  T  T  I  E
O  K  A  F  K  Z  E  I  N  R  Y  U  S  S  I
U  B  P  J  X  S  R  O  C  Ţ  V  K  P  P  S
Ă  Ţ  I  G  T  A  P  S  I  T  R  V  R  R  P
X  W  C  A  W  K  S  W  T  K  M  I  E  E  R
J  N  B  I  W  Q  I  G  I  R  K  A  Z  Z  E
Ţ  K  S  S  D  H  C  F  V  T  E  L  E  E  Z
D  O  I  N  B  J  N  J  I  V  N  I  C  C  E
Y  E  B  L  H  O  I  G  X  L  O  E  E  E  C
A  S  R  I  B  G  C  Z  E  C  I  M  A  L  E
Ş  A  I  S  P  R  E  Z  E  C  E  T  P  A  Ș
E  Ș  G  N  O  U  Ă  S  P  R  E  Z  E  C  E
```

ZECIMAL	ȘAPTE
OPT	ȘASE
OPTSPREZECE	ȘAISPREZECE
CINCISPREZECE	ZECE
CINCI	TREISPREZECE
PATRU	TREI
PAISPREZECE	DOISPREZECE
NOUĂ	DOUĂZECI
NOUĂSPREZECE	DOI
UNU	

18 - Spices

```
Ţ Z S E L S K G A A K X I Ș S
U C M R S M N S H K V E H O C
S C B M G A L U C I N E F F O
C C C X V S A D R R M R F R R
O T H L K R D R E P O B Ţ A Ţ
R W E I L I N A V A M A I N I
I N V C N P F Q Ă P A E C R Ș
A N E L W D C B M Ţ D C W A O
N U M D Y P U Z O P R L I M A
D C C Q B Y Z F R U A U L A R
R Ș U U I F H O A V C D B E Ă
U O C Ţ R U S T U R O I A D S
J A H Ţ U R L E M N D U L C E
N R S A R E Y C H I M I O N A
M Ă B B K B I S L A N A S O N
```

ANASON	USTUROI
AMAR	GHIMBIR
CARDAMOM	LEMN DULCE
SCORȚIȘOARĂ	NUCȘOARĂ
CORIANDRU	CEAPĂ
CHIMION	PAPRIKA
CURRY	ȘOFRAN
FENICUL	SARE
SCHINDUF	DULCE
AROMĂ	VANILIE

19 - Universe

```
A  S  T  R  O  N  O  M  I  E  R  C  S  A  L
E  O  N  J  D  Q  Q  T  B  B  W  O  S  A
R  E  Z  O  D  I  A  C  H  J  Q  P  L  T  T
E  M  I  S  F  E  R  Ă  L  S  I  W  S  E  I
C  O  R  B  I  T  Ă  N  F  D  M  O  T  R  T
A  E  E  Î  N  T  U  N  E  R  I  C  I  O  U
Z  T  R  V  I  Z  I  B  I  L  S  T  Ț  I  D
Z  N  M  E  L  W  I  K  X  L  O  E  I  D  I
H  O  O  O  S  F  U  I  A  L  L  U  U  N
W  Z  N  Y  S  C  V  H  L  I  A  E  F  U  E
Q  I  O  O  Z  F  O  Q  A  D  R  S  C  E  E
Z  R  R  O  N  Ț  E  L  G  X  M  C  R  S  F
J  O  T  C  O  A  Y  R  U  S  V  O  W  T  I
I  I  S  K  N  O  I  M  Ă  N  V  P  W  A  C
B  Ț  A  C  O  S  M  I  C  U  A  O  W  Y  Y
```

ASTEROID	ORIZONT
ASTRONOM	LATITUDINE
ASTRONOMIE	LUNA
ATMOSFERĂ	ORBITĂ
CERESC	CER
COSMIC	SOLAR
ÎNTUNERIC	SOLSTIȚIU
EON	TELESCOP
GALAXIE	VIZIBIL
EMISFERĂ	ZODIAC

20 - Mammals

```
C  R  B  C  Â  I  N  E  O  H  P  C  E  I  Z
H  Z  A  E  R  N  I  F  L  E  D  A  Q  F  E
B  C  L  I  E  P  U  R  E  U  E  S  R  U  M
Y  Y  E  A  M  X  Ă  W  G  U  P  T  W  Y  O
D  C  N  O  C  A  L  Y  D  A  L  O  K  B  I
F  N  Ă  T  R  U  I  C  L  A  U  R  T  O  L
G  I  R  A  F  Ă  R  M  H  F  V  X  N  M  N
E  I  K  R  Z  W  O  O  U  W  F  Z  T  Ţ  N
F  S  T  N  O  J  G  L  N  Ţ  Q  Y  U  X  V
C  A  N  G  U  R  W  E  P  Y  Ă  R  C  K  Z
Z  O  A  V  Y  X  Z  U  Z  W  R  T  G  J  U
X  G  F  P  I  S  I  C  Ă  S  B  A  I  X  Ţ
I  D  E  I  M  W  N  D  H  G  E  U  X  U  D
V  E  L  Q  X  A  R  N  V  Ţ  Z  R  Z  L  Y
O  W  E  U  U  B  U  B  C  O  I  O  T  Y  S
```

URS	GORILĂ
CASTOR	CAL
TAUR	CANGUR
PISICĂ	LEU
COIOT	MAIMUŢĂ
CÂINE	IEPURE
DELFIN	OAIE
ELEFANT	BALENĂ
VULPE	LUP
GIRAFĂ	ZEBRĂ

21 - Bees

```
A  W  A  X  Z  G  H  J  O  G  Ţ  F  O  P  E
B  E  N  E  F  I  C  A  G  H  K  R  N  O  Q
Z  T  X  T  H  P  K  X  B  V  M  U  V  L  O
R  A  P  N  Ţ  I  U  X  W  I  G  C  V  E  Q
O  T  W  A  V  R  B  E  V  G  T  T  M  N  Q
I  I  O  L  O  A  E  C  S  Ă  N  A  E  I  Z
R  S  E  P  E  Ţ  Z  X  Ă  T  A  X  T  Z  P
E  R  A  O  S  M  Y  H  R  C  U  O  S  A  V
G  E  T  N  E  M  I  L  A  E  C  P  I  T  G
I  V  B  F  V  O  K  E  E  S  C  R  S  O  R
N  I  H  Z  L  B  X  O  C  N  U  Ţ  O  R  Ă
Ă  D  N  E  W  O  V  Ţ  Y  I  T  B  C  J  D
M  I  E  R  E  C  R  P  O  L  E  N  E  M  I
U  G  R  F  Z  G  Ţ  I  L  W  P  P  U  W  N
F  N  Y  M  G  R  S  M  W  E  O  K  Q  C  Ă
```

BENEFIC	INSECTĂ
DIVERSITATE	PLANTE
ECOSISTEM	POLEN
FLORI	POLENIZATOR
ALIMENTE	REGINĂ
FRUCT	FUM
GRĂDINĂ	SOARE
HABITAT	ROI
STUP	CEARĂ
MIERE	ARIPI

22 - Weather

```
S E C E T Ă O C L I M A T P T
S T E M P E R A T U R A W L R
Y W H S N L Q L L S S S E T O
G J U R B B T X L T C X P A P
Ţ H U Q I Ă R E F S O M T A I
A T E N U T E I U S L C L P C
N R B A H E T T Z S A E T O A
O J U G Ţ N O R P Ă C R K L L
F E C A T Ă C E A Ţ Ă A E A E
U T R R E D B R E W N X T R K
L C U U M A V Â N T U N X A D
G O C N W N O S U M T Ţ L H I
E B V J A R X J S J R D R H H
R Z A Y J O I U L J U S X Q H
G A L W E T P A L P F C D A I
```

ATMOSFERĂ	MUSON
BRIZĂ	POLAR
CLIMAT	CURCUBEU
NOR	CER
SECETĂ	FURTUNĂ
USCAT	TEMPERATURA
CEAŢĂ	TUNET
URAGAN	TORNADĂ
GHEAŢĂ	TROPICALE
FULGER	VÂNT

23 - Adventure

```
U Q P R I E T E N I U M O M S
P R O V O C Ă R I O I O C Y B
D H M N N E O B I Ș N U I T F
U E T A T I N U T R O P O C Q
N T Ș N L M C A S M F N O U R
A A J A R U C E I S R U C X E
C T V Y N U H R G A N B P A I
T L I I V S W I U I A U E Q Ț
I U A T G N Ă T R Z T C R V A
V C M E I A E Ă A U U U I G N
I I F F S N R G N T R R C R I
T F H G G G E E Ț N Ă I U H T
A I C W K E E R Ă E I E L N S
T D V E Ț Y F P A I G J O Ț E
E Ț E S U M U R F R Ț F S U D
```

ACTIVITATE
FRUMUSEȚE
CURAJ
PROVOCĂRI
ȘANSĂ
PERICULOS
DESTINAȚIE
DIFICULTATE
ENTUZIASM
EXCURSIE

PRIETENI
ITINERAR
BUCURIE
NATURĂ
NAVIGARE
NOU
OPORTUNITATE
PREGĂTIREA
SIGURANȚĂ
NEOBIȘNUIT

24 - Restaurant #2

```
W  R  E  T  A  C  O  N  D  I  M  E  N  T  E
G  S  Ţ  Ţ  H  P  O  L  T  F  P  N  A  X  T
V  Z  A  A  Ţ  R  E  N  L  E  H  C  Y  H  Ş
K  B  T  L  Z  N  Â  R  P  A  R  R  S  K  E
C  I  N  A  A  I  B  L  I  W  Y  S  C  G  P
T  B  H  W  S  T  Z  Z  S  T  L  A  A  Z  Z
M  R  Ţ  X  K  R  Ă  U  O  D  I  R  U  Ţ  E
D  J  A  N  D  O  R  D  Ţ  E  D  V  N  Q  D
G  Z  Ă  R  U  T  U  Ă  B  L  F  U  H  F  B
L  H  S  Q  C  G  G  P  I  I  U  S  A  R  E
E  C  E  R  A  C  N  U  N  C  R  B  V  J  M
G  K  Z  A  O  W  I  S  N  I  C  Ţ  J  B  D
U  S  A  Y  Ţ  P  L  J  V  O  Ă  P  A  P  P
M  K  O  Z  G  Ă  H  Y  A  S  X  I  T  J  Q
E  A  H  N  G  E  C  X  F  R  U  C  T  V  D
```

APERITIV	GHEAŢĂ
BĂUTURĂ	PRÂNZ
TORT	SALATĂ
SCAUN	SARE
DELICIOS	SUPĂ
CINA	CONDIMENTE
OUĂ	LINGURĂ
PEŞTE	LEGUME
FURCĂ	CHELNER
FRUCT	APĂ

25 - Geology

```
T  N  E  N  I  T  N  O  C  X  L  T  R  A  V
A  F  V  B  Ţ  Z  R  E  O  P  Z  F  Ţ  A  C
R  E  T  J  X  Ă  M  P  R  E  L  S  K  H  H
T  C  R  W  T  N  Y  I  A  A  Q  A  A  K  Z
S  Ţ  E  J  S  R  I  A  L  C  S  G  T  R  A
G  H  E  I  Z  E  R  T  I  I  A  K  M  O  E
C  H  G  Y  E  V  A  R  S  D  V  Q  I  C  U
A  R  U  Q  K  A  A  Ă  O  R  K  S  N  I  M
R  L  I  X  F  C  X  Ţ  F  D  P  A  E  C  Y
B  S  C  S  C  U  T  R  E  M  U  R  R  L  O
T  O  L  V  T  V  U  L  C  A  N  X  A  U  C
E  P  A  T  D  A  Q  Y  G  H  V  Y  L  R  U
A  W  C  Z  D  N  L  A  P  Z  Ţ  O  E  I  A
N  M  A  G  C  Y  R  E  L  A  V  Ă  R  F  R
R  E  R  O  Z  I  U  N  E  Q  G  Z  P  V  Ţ
```

ACID	GHEIZER
CALCIU	LAVĂ
CAVERNĂ	STRAT
CONTINENT	MINERALE
CORAL	PLATOU
CRISTALE	CUARŢ
CICLURI	SARE
CUTREMUR	PIATRĂ
EROZIUNE	VULCAN
FOSIL	

26 - House

```
M L P X M L G V P A U M I A I
Ă N E J U A P R A E D O P G G
T N R G Z M F J Ă T Y O V C Ţ
U T E V C P I P O D R G A R D
R H T O A Ă B S J N I Ă G T Y
Ă C E W M Q P C A R L N U Ş Ă
G E R T E L E D R E P Y Ă I B
V W A H R H V C A I E V G R C
D U Ş W Ă X J S G L Q X H E C
M A N S A R D Ă A I E S B P F
O G L I N D Ă L J B J O Z O F
B U C Ă T Ă R I E O C F C C P
F E R E A S T R Ă M L H U A Y
B I B L I O T E C Ă O Y E F I
N K B Z Q Q S S T R U L C I Y
```

MANSARDĂ	CHEI
MĂTURĂ	BUCĂTĂRIE
PERDELE	LAMPĂ
UŞĂ	BIBLIOTECĂ
GARD	OGLINDĂ
VATRĂ	ACOPERIŞ
PODEA	CAMERĂ
MOBILIER	DUŞ
GARAJ	PERETE
GRĂDINĂ	FEREASTRĂ

27 - Physics

```
V  K  U  N  I  V  E  R  S  A  L  V  A  U  M
N  I  E  N  U  I  S  N  A  P  X  E  Z  F  E
U  M  T  Z  T  Ț  Ț  S  O  A  H  H  M  Q  C
C  A  A  E  R  W  A  K  F  R  M  F  A  O  A
L  G  T  W  Z  D  E  N  S  I  T  A  T  E  N
E  N  I  E  R  Ă  Q  H  V  E  J  C  U  P  I
A  E  V  F  O  R  M  U  L  Ă  T  I  E  V  C
R  T  I  M  Z  J  Ț  P  P  L  T  E  N  L  A
L  I  T  A  A  T  O  M  Ț  U  Q  X  A  Q  E
A  S  A  S  G  N  Ă  L  U  C  I  T  R  A  P
V  M  L  Ă  Ț  N  E  V  C  E  R  F  A  K  I
Ț  G  E  V  H  A  X  K  J  L  Ț  O  N  D  J
V  Y  R  E  U  I  L  R  V  O  D  F  T  Q  I
P  B  K  Y  V  K  R  C  I  M  I  H  C  O  R
A  C  C  E  L  E  R  A  R  E  G  Q  M  Y  M
```

ACCELERARE	GAZ
ATOM	MAGNETISM
HAOS	MASĂ
CHIMIC	MECANICA
DENSITATE	MOLECULĂ
ELECTRON	NUCLEAR
MOTOR	PARTICULĂ
EXPANSIUNE	RELATIVITATE
FORMULĂ	VITEZĂ
FRECVENȚĂ	UNIVERSAL

28 - Shapes

```
D O A R Ţ D J T C R Ţ Y Q P L
B N R T A R T Ă P U O G N P I
U T C K I E G K N Ţ R M Z A N
E Z T V W P M B Z Y U B W F I
I U U U K T M I C O N U Ă Ă A
P B E R N U I Ţ E Y I C S D E
M O J D I N Ă L O B R E P I H
A B L N C G R O A W P R I M R
R B T I Ţ H E C I V B T L A Q
G B S L G I F E Ţ U O R E R H
I Z Q I W O S R C Z O S Z I C
N J M C A H N C Z S C X U P F
I P A R T E N X X P R I S M Ă
N C I T R I U N G H I D O M F
B N R X U H E B W P Z Ţ F L J
```

ARC	LINIA
CERC	OVAL
CON	POLIGON
COLŢ	PRISMĂ
CUB	PIRAMIDĂ
CURBĂ	DREPTUNGHI
CILINDRU	PARTE
MARGINI	SFERĂ
ELIPSĂ	PĂTRAT
HIPERBOLĂ	TRIUNGHI

29 - Scientific Disciplines

```
V A O Ă K B O T A N I C Ă J G
N N Ă C I M A N I D O M R E T
E A A I N S O C I O L O G I E
U T S T E I G O L O E H R A L
R O T S T I M U N O L O G I E
O M R I O F G G E O L O G I E
L I O V T M T O K K O O B D B
O E N G E I G O L O I B O B I
G Z O N R O G P X O A F H E O
I U M I A J G X H L H E U H C
E V I L P M L H T Q S I G O H
V U E W I M F N B Y K M S V I
K I F I E E C O L O G I E P M
M E C A N I C A Ţ Z V H E V I
M I N E R A L O G I E C K N E
```

ANATOMIE	IMUNOLOGIE
ARHEOLOGIE	KINETOTERAPIE
ASTRONOMIE	LINGVISTICĂ
BIOCHIMIE	MECANICA
BIOLOGIE	MINERALOGIE
BOTANICĂ	NEUROLOGIE
CHIMIE	PSIHOLOGIE
ECOLOGIE	SOCIOLOGIE
GEOLOGIE	TERMODINAMICĂ

30 - Science

```
I  M  S  I  N  A  G  R  O  F  S  O  A  E  P
P  I  F  S  D  L  C  V  C  O  K  X  W  V  A
O  N  L  I  H  X  P  O  A  S  O  H  G  O  R
T  E  I  K  Z  X  N  L  H  I  Ă  N  V  L  T
E  R  Ţ  E  P  I  F  A  A  L  R  M  Y  U  I
Z  A  G  I  S  L  C  I  J  N  U  T  Q  Ţ  C
Ă  L  B  Ţ  Z  T  A  Ă  D  O  T  E  M  I  U
E  E  C  A  B  Z  J  R  K  H  A  E  M  E  L
F  A  P  T  I  P  O  Y  F  Z  N  V  D  V  E
Ţ  C  H  I  M  I  C  C  L  I  M  A  T  R  Ţ
J  I  M  V  R  O  T  A  R  O  B  A  L  P  I
U  D  S  A  Ţ  Z  T  M  O  L  E  C  U  L  E
R  Y  Z  R  I  Z  B  A  U  N  K  X  M  W  Z
C  K  H  G  U  H  K  D  A  T  E  S  D  Y  F
I  B  K  R  U  E  X  P  E  R  I  M  E  N  T
```

ATOM	LABORATOR
CHIMIC	METODĂ
CLIMAT	MINERALE
DATE	MOLECULE
EVOLUŢIE	NATURĂ
EXPERIMENT	ORGANISM
FAPT	PARTICULE
FOSIL	FIZICĂ
GRAVITAŢIE	PLANTE
IPOTEZĂ	

31 - Beauty

```
K  B  A  R  U  M  U  F  R  A  P  T  U  J  M
J  Ţ  V  Q  M  Ă  Ţ  N  A  G  E  L  E  M  D
U  U  X  F  D  I  F  A  X  R  M  I  N  M  Z
E  C  I  T  E  M  S  O  C  S  M  O  Z  J  A
R  P  B  T  C  Q  T  T  T  X  L  E  M  I  R
F  O  A  R  F  E  C  E  N  O  D  Q  C  D  Y
C  S  U  S  P  E  I  Ţ  A  R  G  T  Ă  X  E
U  E  H  T  F  S  R  D  G  X  L  E  D  M  I
L  R  Ș  I  P  U  U  H  E  E  H  L  N  X  W
O  V  A  L  V  D  I  B  L  K  Ţ  C  I  I  W
A  I  M  I  Y  O  E  L  E  I  P  U  L  N  C
R  C  P  S  G  R  L  Y  L  R  R  B  G  O  Y
E  I  O  T  X  P  U  N  Ţ  Q  B  Z  O  R  K
Y  I  N  O  L  R  U  J  A  I  H  C  A  M  B
R  W  X  I  K  P  W  S  X  Y  K  O  P  P  D
```

FARMEC	RIMEL
CULOARE	OGLINDĂ
COSMETICE	ULEIURI
BUCLE	FOTOGENIC
ELEGANȚĂ	PRODUSE
ELEGANT	FOARFECE
PARFUM	SERVICII
GRAȚIE	ȘAMPON
RUJ	PIELE
MACHIAJ	STILIST

32 - Clothes

```
R  D  T  E  G  M  C  V  H  L  Y  B  T  C  P
P  I  J  A  M  A  C  M  V  I  O  Ţ  N  D  A
B  G  L  E  Ș  A  R  F  Ă  I  G  H  K  J  N
J  U  A  H  C  S  A  N  D  A  L  E  B  F  T
Q  L  S  A  H  U  O  C  A  S  U  B  H  M  A
K  B  V  I  R  Ă  R  A  Ţ  Ă  R  B  O  V  L
H  Z  F  N  J  O  Y  E  I  R  Ă  L  Ă  P  O
W  Ă  Ș  A  M  Ă  C  B  A  Ș  O  R  Ţ  L  N
I  M  Ă  N  U  Ș  I  H  L  F  U  S  T  A  I
S  S  T  Q  H  D  T  A  I  U  U  I  B  M  O
P  A  N  T  O  F  E  Q  V  E  Z  J  P  Y  S
B  I  J  U  T  E  R  I  I  N  G  Ă  Q  I  Ţ
D  Y  R  B  M  T  J  Q  K  I  V  D  Y  J  W
Q  O  H  H  H  S  G  L  R  E  V  O  L  U  P
O  X  J  W  J  V  T  H  V  O  Q  M  C  G  L
```

ȘORȚ	BLUGI
CUREA	BIJUTERII
BLUZĂ	PIJAMA
BRĂȚARĂ	PANTALONI
HAINA	SANDALE
ROCHIE	EȘARFĂ
MODĂ	CĂMAȘĂ
MĂNUȘI	PANTOF
PĂLĂRIE	FUSTA
SACOU	PULOVER

33 - Ethics

```
R  B  B  O  T  R  X  I  C  T  O  B  W  V  F
D  R  U  P  A  R  W  U  O  O  N  I  P  D  Y
R  E  N  T  I  P  M  K  O  L  E  N  R  I  P
E  Z  Ă  I  N  F  I  X  P  E  S  E  Ă  P  G
A  O  T  M  T  B  E  Z  E  R  T  V  B  L  F
L  N  A  I  E  B  Z  M  R  A  I  O  D  O  I
I  A  T  S  G  D  Ţ  I  A  N  T  I  A  M  L
S  B  E  M  R  B  E  D  R  Ţ  A  T  R  A  O
M  I  H  G  I  F  S  M  E  Ă  T  O  E  T  Z
S  L  I  H  T  J  U  W  N  C  E  R  X  I  O
M  S  I  L  A  U  D  I  V  I  D  N  I  C  F
C  E  T  A  T  I  N  A  M  U  T  O  R  S  I
O  A  A  C  E  Y  P  Ţ  X  Z  O  A  R  G  E
D  U  L  Ţ  X  J  L  M  S  I  U  R  T  L  A
R  A  Ţ  I  O  N  A  L  I  T  A  T  E  E  Q
```

ALTRUISM   BUNĂTATE
BINEVOITOR   OPTIMISM
COOPERARE   RĂBDARE
DEMNITATE   FILOZOFIE
DIPLOMATIC   RAŢIONALITATE
ONESTITATE   REALISM
UMANITATE   REZONABIL
INDIVIDUALISM   TOLERANŢĂ
INTEGRITATE

34 - Astronomy

```
E  K  T  W  E  I  P  U  V  T  Q  R  M  O  P
C  O  N  S  T  E  L  A  Ţ  I  E  A  S  V  Ă
J  Ă  T  E  N  A  L  P  K  L  I  C  O  N  M
A  S  T  R  O  N  O  M  R  E  X  H  Y  O  Â
C  A  U  O  E  G  F  A  A  T  A  E  S  B  N
E  O  A  E  Ţ  C  G  I  D  A  L  T  U  S  T
C  L  N  T  D  A  U  M  I  S  A  Ă  P  E  S
H  U  O  E  K  I  L  O  A  W  G  J  E  R  N
I  B  R  M  S  D  U  P  Ţ  Ţ  K  V  R  V  E
N  E  T  E  O  O  N  D  I  Q  T  T  N  A  O
O  N  S  D  M  Z  A  Z  E  P  N  T  O  T  S
C  P  A  A  S  T  E  R  O  I  D  N  V  O  A
Ţ  J  K  M  O  L  T  B  Ţ  E  B  A  Ă  R  B
I  L  W  Y  C  M  A  F  I  L  Ţ  K  Z  K  X
U  H  B  X  V  Q  U  U  E  C  L  I  P  S  Ă
```

ASTEROID	LUNA
ASTRONAUT	NEBULOASĂ
ASTRONOM	OBSERVATOR
CONSTELAŢIE	PLANETĂ
COSMOS	RADIAŢIE
PĂMÂNT	RACHETĂ
ECLIPSĂ	SATELIT
ECHINOCŢIU	CER
GALAXIE	SUPERNOVĂ
METEOR	ZODIAC

35 - Health and Wellness #2

```
E  Q  N  D  Ț  M  L  Ț  K  W  D  R  A  S  A
J  N  Ț  R  W  A  A  L  A  O  B  E  P  Â  L
V  L  E  Q  K  Y  T  S  Y  Y  D  C  E  N  E
Ț  D  D  R  Ț  G  I  O  A  L  E  U  T  G  R
N  S  M  R  G  X  P  T  K  J  S  P  I  E  G
B  U  T  O  R  I  S  Ă  S  Ț  H  E  T  T  I
F  Ă  T  E  I  D  E  N  U  H  I  R  R  A  E
G  O  T  R  U  V  P  Ă  T  I  D  A  V  T  C
W  S  D  J  I  Y  D  S  Y  N  R  R  O  U  S
S  T  R  E  S  Ț  M  U  X  F  A  E  C  E  H
I  G  I  E  N  Ă  I  Q  Z  E  T  K  U  R  X
C  A  L  O  R  I  I  E  I  C  A  T  E  G  U
G  E  N  E  T  I  C  Ă  C  Ț  R  D  S  K  R
A  N  A  T  O  M  I  E  D  I  E  E  N  R  C
V  I  T  A  M  I  N  Ă  G  E  X  U  E  J  X
```

ALERGIE	SĂNĂTOS
ANATOMIE	SPITAL
APETIT	IGIENĂ
SÂNGE	INFECȚIE
CALORII	MASAJ
DESHIDRATARE	NUTRIȚIE
DIETĂ	RECUPERARE
BOALA	STRES
ENERGIE	VITAMINĂ
GENETICĂ	GREUTATE

36 - Disease

```
P R O C E Y T X R O S R L D Z
U Ţ G I I R O T A R I P S E R
L L I O S O I G A T N O C I D
M M R R A B M O L M D F G P K
O M I F U S Ţ M J F R H U A O
N C B G G W E B K Ă O R H R T
A N A I R E T C A B M E V E K
R Q L C O E R A T I R I L T P
J W S I A Z H E T A T Ă N Ă S
S V W N F R G S D N Y Q B I P
A B D O M I N A L I N P P X S
N E U R O P A T I E T L D Ţ Ţ
P Z C C M X Y M W A F A X Z H
O V G I M U N I T A T E R N M
A L E R G I I G E N E T I C O
```

ABDOMINAL	EREDITAR
ALERGII	IMUNITATE
BACTERIAN	IRITARE
CORP	LOMBAR
OASE	NEUROPATIE
CRONIC	PULMONAR
CONTAGIOS	RESPIRATORII
GENETIC	SINDROM
SĂNĂTATE	TERAPIE
INIMĂ	SLAB

37 - Time

```
Q T A C A L E N D A R R F R D
C X E M C H Ţ A U V I I T O R
U V I U I E T P A O N O Z Y C
R Y N C P A A R A T E R E J C
Â P D A G E Z S Z G C Ă N U L
N S E C O L S Ă I X U Y E J A
D M H N B L D Ţ A N U A L O O
V I T C U P S A W J I W Z Ţ Y
L N U I N E C E D E V R E M E
T U W R A D Ă N Â M Ă T P Ă S
H T Q R Z Z Ţ I L J H S W Z D
X B W Ţ E R I M Q K Y T W B D
T N Z U Z N M I O W X B H G V
H X Z D J R S D W M Y Z Ţ L D
T L Z W X Î N A I N T E P H P
```

ANUAL	MINUT
ÎNAINTE	LUNĂ
CALENDAR	DIMINEAŢĂ
SECOL	NOAPTE
CEAS	AMIAZĂ
ZI	ACUM
DECENIU	CURÂND
DEVREME	AZI
VIITOR	SĂPTĂMÂNĂ
ORĂ	AN

38 - Buildings

```
H  L  F  Q  Ă  D  A  S  A  B  M  A  B  V  A
Z  G  G  N  Y  F  G  P  L  Z  G  A  K  Z  P
G  W  U  H  E  N  U  I  S  N  E  P  G  O  A
Q  O  F  M  Q  I  Z  T  R  O  C  K  B  J  R
S  T  A  D  I  O  N  A  O  G  J  N  S  P  T
H  D  M  V  M  Ţ  V  L  M  U  Z  E  U  F  A
O  Ţ  E  S  U  P  E  R  M  A  R  K  E  T  M
T  Y  N  W  C  R  B  F  D  G  H  N  F  E
E  G  I  R  Z  O  A  T  A  I  R  E  T  A  N
L  X  C  Z  U  C  L  B  E  V  A  S  L  B  T
M  T  J  P  O  T  E  D  I  A  U  M  F  R  Y
L  A  B  O  R  A  T  O  R  N  T  Q  Q  I  X
H  A  M  B  A  R  S  T  E  V  Ă  R  V  C  H
O  B  S  E  R  V  A  T  O  R  C  V  U  Ă  L
K  M  N  X  A  H  C  Ş  C  O  A  L  Ă  R  W
```

APARTAMENT	LABORATOR
HAMBAR	MUZEU
CABINĂ	OBSERVATOR
CASTEL	ŞCOALĂ
CINEMA	STADION
AMBASADĂ	SUPERMARKET
FABRICĂ	CORT
SPITAL	TEATRU
PENSIUNE	TURN
HOTEL	

39 - Philanthropy

```
N  C  O  M  U  N  I  T  A  T  E  C  W  F  F
G  E  T  A  T  I  Z  O  R  E  N  E  G  B  O
L  Z  V  P  R  O  G  R  A  M  E  L  T  V  N
O  L  G  O  K  L  J  N  T  E  A  E  T  P  D
B  Q  L  M  I  Q  U  J  D  J  Ţ  Y  L  R  U
A  F  Z  U  E  E  T  C  A  T  N  O  C  O  R
L  Y  V  C  E  T  A  T  I  N  A  M  U  V  I
P  U  B  L  I  C  A  Z  R  Y  N  C  D  O  R
Ţ  O  I  R  R  G  R  T  T  I  O  V  C  U
C  N  V  F  O  X  E  Ţ  I  Y  F  P  T  Ă  P
O  V  E  V  T  X  D  S  Ţ  T  Q  I  T  R  U
D  D  L  Z  S  G  E  N  U  I  S  I  M  I  R
Z  E  G  D  I  N  E  M  A  O  Ţ  E  L  A  G
D  G  R  C  A  R  I  T  A  T  E  H  N  P  S
O  B  I  E  C  T  I  V  E  L  E  C  B  O  L
```

PROVOCĂRI
CARITATE
COPII
COMUNITATE
CONTACTE
FINANŢA
FONDURI
GENEROZITATE
GLOBAL
OBIECTIVELE

GRUPURI
ISTORIE
ONESTITATE
UMANITATE
MISIUNE
NEVOIE
OAMENI
PROGRAME
PUBLIC

40 - Herbalism

```
L E X J U D R P F E N I C U L
F L O A R E O Ă D N A V A L A
B Y P U Z Z T O R E G A N O
U Q L S Q O M R V A R O M A T
D D A T F W A U A E P P A Z J
M T N U A E R N I N R L O R B
B N T R R R I J Ă N I D Ă R G
M E Ă O O D N E P R T L E S M
E I N I M W H L D N T S U M A
N D G E Ă T A R H O N T E C G
T E L W F F P S Y Ţ T L D E H
Ă R N M G I Ș O F R A N R T I
D G C N Q B C O I U S U B J R
S N Q S K J W V S S V I W J A
B I Ţ T V O L E H B P B J T N
```

AROMAT	INGREDIENT
BUSUIOC	LAVANDĂ
BENEFIC	MAGHIRAN
CULINAR	MENTĂ
FENICUL	OREGANO
AROMĂ	PĂTRUNJEL
FLOARE	PLANTĂ
GRĂDINĂ	ROZMARIN
USTUROI	ȘOFRAN
VERDE	TARHON

41 - Vehicles

```
L B Y S C A M I O N R M S T Z
N I W S C L R J N B A P U T U
Ă C R A B U O Ă A H C W B E B
Ț I A E C R T T Ț B H Y M L O
N C H B A X C E P L E W A I T
A L V E R M A V R E T Y R C U
L E K P A E R A T Y Ă Z I O A
U T G H V T T N U N V M N P V
B Ă Ț Z A R A G C Y G O F T I
M N Q W N O K G L G Z T H E O
A I C W Ă U P L U T Ă O D R N
T Ș N Y P U F U G V M R P D E
H A A N V E L O P E C Z H T X
U M X E H B S P M K J F X I K
P H Q I W G O N G K F F T R S
```

AVION	PLUTĂ
AMBULANȚĂ	RACHETĂ
BICICLETĂ	SCUTER
BARCĂ	NAVETĂ
AUTOBUZ	SUBMARIN
MAȘINĂ	METROU
CARAVANĂ	TAXI
BAC	ANVELOPE
ELICOPTER	TRACTOR
MOTOR	CAMION

42 - Health and Wellness #1

```
U  Ţ  J  W  S  B  F  O  M  E  X  L  O  F  H
S  U  J  G  Z  A  Q  O  C  N  E  T  B  A  R
A  E  B  D  H  C  Q  S  A  Z  L  E  I  R  A
T  N  E  M  A  T  A  R  T  M  F  Ţ  C  M  C
D  X  O  V  Z  E  S  A  O  K  E  B  E  A  T
J  O  X  Z  Ă  R  U  T  C  A  R  F  I  C  I
H  A  C  I  N  I  L  C  K  T  V  E  H  I  V
D  S  O  T  K  I  G  D  R  O  S  R  C  E  U
E  M  C  H  O  E  J  C  S  S  T  W  Ş  X  C
K  P  Y  O  R  C  U  P  U  E  L  U  N  S  S
K  C  E  R  A  X  A  L  E  R  R  D  M  W  P
R  O  E  M  I  Ţ  L  Ă  N  Î  A  I  R  X  D
E  T  X  O  N  E  R  V  I  P  P  Z  V  U  D
O  E  Ă  N  I  C  I  D  E  M  I  Z  R  T  U
V  O  M  I  P  I  E  L  E  X  E  S  N  A  T
```

ACTIV	MEDICINĂ
BACTERII	MUŞCHI
OASE	NERVI
CLINICA	FARMACIE
DOCTOR	REFLEX
FRACTURĂ	RELAXARE
OBICEI	PIELE
ÎNĂLŢIME	TERAPIE
HORMONI	TRATAMENT
FOAME	VIRUS

43 - Town

```
I  M  Q  K  Ă  V  C  M  W  N  D  A  M  T  F
Ă  L  A  O  C  Ş  R  A  A  T  K  V  R  E  L
U  J  B  L  E  T  O  H  F  G  I  G  F  A  O
N  O  R  I  T  K  H  K  F  E  A  X  P  T  R
I  O  U  B  O  S  Z  I  T  A  N  Z  G  R  A
V  F  T  R  I  U  E  Z  U  M  Ţ  E  I  U  R
E  N  Ă  Ă  L  P  G  E  V  G  D  U  A  N  M
R  J  R  R  B  E  N  A  J  W  Ţ  A  M  O  S
S  Y  I  I  I  R  E  S  L  Ţ  Y  C  I  I  C
I  G  E  E  B  M  N  A  M  E  N  I  C  D  P
T  I  Ţ  Ă  Ţ  A  I  P  U  L  R  N  N  A  K
A  M  C  U  A  R  Y  E  R  X  K  I  P  T  N
T  G  D  R  F  K  K  C  C  Ţ  K  L  E  S  L
E  V  S  J  Y  E  F  A  R  M  A  C  I  E  W
B  A  N  C  Ă  T  R  O  P  O  R  E  A  K  Ţ
```

AEROPORT	BIBLIOTECĂ
BRUTĂRIE	PIAŢĂ
BANCĂ	MUZEU
LIBRĂRIE	FARMACIE
CAFENEA	ŞCOALĂ
CINEMA	STADION
CLINICA	MAGAZIN
FLORAR	SUPERMARKET
GALERIE	TEATRU
HOTEL	UNIVERSITATE

44 - Antarctica

```
M  W  S  G  T  O  P  O  G  R  A  F  I  E  M
K  E  R  A  V  R  E  S  N  O  C  Q  R  V  I
Q  E  D  U  M  C  N  Q  X  T  A  L  Ă  O  G
O  X  C  I  R  A  Ț  E  H  G  N  J  S  C  R
I  P  E  R  U  N  P  G  D  F  S  Z  Ă  M  A
G  E  R  O  A  E  Ă  X  Q  X  Y  H  P  P  Ț
H  D  C  N  U  L  L  P  C  O  F  R  I  I
E  I  E  D  N  E  U  U  H  B  P  E  L  O  E
A  Ț  T  Q  M  N  S  U  S  T  Â  N  C  O  S
Ț  I  Ă  T  N  E  N  I  T  N  O  C  F  B  G
Ă  E  T  C  I  F  I  Ț  N  I  I  T  Ș  C  B
R  E  O  F  R  S  N  I  J  T  Q  Y  L  A  Q
C  S  R  J  K  V  E  K  V  S  F  C  W  H  V
W  J  J  R  O  H  P  O  Q  Ț  Y  K  W  L  N
G  E  O  G  R  A  F  I  E  X  T  Ț  Y  F  E
```

GOLF	GHEȚARI
PĂSĂRI	GHEAȚĂ
NORI	INSULE
CONSERVARE	MIGRAȚIE
CONTINENT	PENINSULĂ
COVE	CERCETĂTOR
MEDIU	STÂNCOS
EXPEDIȚIE	ȘTIINȚIFIC
GEOGRAFIE	TOPOGRAFIE

45 - Ballet

```
B Y D T J L V R J Z W I O Y W
D D A A R T I S T I C I K Ă W
M Y N C Z F S T S E G Ț E C O
O S S O Q I E P S V M C I I M
R B A M M E R A N Â M E D N Î
C A T P U T P P V V S L X H T
H L O O Ș A X U R K T T I E Y
E E R Z C T E Z U A L P A T J
S R I I H I S V G Ă C I Z U M
T I B T I S E G M R J T V Y W
R N N O O N B H V Ț A W I M M
Ă Ă R R P E O X R B S Ț F C R
D C I I Z T P U B L I C I L Ă
Ț F T C N N N K Q K Z W R O V
Y K M I E I F A R G E R O C S
```

APLAUZE

ARTISTIC

PUBLIC

BALERINĂ

COREGRAFIE

COMPOZITOR

DANSATORI

EXPRESIV

GEST

GRAȚIOS

INTENSITATE

LECȚII

MUȘCHI

MUZICĂ

ORCHESTRĂ

PRACTICĂ

RITM

ÎNDEMÂNARE

STIL

TEHNICĂ

46 - Fashion

```
B N Y C S M Ă S U R Ă T O R I
F U P C O N F O R T A B I L Z
Ţ J T S E D O M K M O D E R N
B Ă W O K O S T X A J S G R Q
O R T B A O Ţ E M S E X T L K
R U O Z P N O X P M U C S I Ă
I T P D W Z E T R P W A T B L
G Ă W L E J N U A E W M E I E
I S O N W R C R Z U M N S T
N E S N M Ţ I Ă T B P V D E N
A Ţ P V C Q T E I Q Y B I C A
L U B O H D U C C J R H N C D
R H D O B B B E M C S D Ţ A H
M I N I M A L I S T M A Ă I C
W H X E L E G A N T M O D E L
```

ACCESIBIL
BUTIC
BUTOANE
CONFORTABIL
ELEGANT
BRODERIE
SCUMP
ŢESĂTURĂ
DANTELĂ
MĂSURĂTORI

MINIMALIST
MODERN
MODEST
ORIGINAL
MODEL
PRACTIC
STIL
TEXTURĂ
TENDINŢĂ

47 - Human Body

```
Ţ R N A Ţ G L F T Y W U N C N
P W Ţ Z G E G N Â S G R Ă M U
I U K A N N C L G T U E N L P
C A Z U E U Ţ N M Q R C Â Ţ T
I F P A A N M F B O Ă H M Ţ A
O Y U R T C O L A O T E G E D
R O A K Z H M P F L O X Ţ Ţ M
I N I M Ă I L T A H C R T H C
C R E I E R T R Ţ H B Ă S X T
H Y L L L Ţ L N P Z E N Ţ A V
Y R O P E V G R A Q X Z A A A
O A S E I B R Ă B S C E N N F
S J E Z P M M E S E K L K M P
R A H N L G Q W B S T G F U M
J W C X C A P H N N G T T A W
```

GLEZNĂ	CAP
SÂNGE	INIMĂ
OASE	FALCĂ
CREIER	GENUNCHI
BĂRBIE	PICIOR
URECHE	GURĂ
COT	GÂT
FAŢĂ	NAS
DEGET	UMĂR
MÂNĂ	PIELE

48 - Musical Instruments

```
M N E H D C V P E R C U Ţ I E
A Z T A F P L I I Ţ D L R D T
N E P M E Ă R A O I V B U A B
D C I M I D A T R L P B V X U
O C P Y N Z C N D I O B O T E
L D I C D Ă P R A H N N D G O
I I A E H N G F J K V E C V U
N O N Y K I E F L A U T T E M
Ă N C B O R T T O B Ă Y D B L
C O C A R U Q A J I G Q K C D
O B B N A B M I R A M F H O X
G M Ţ J K M Ţ K Q Ă L A Y P P
N O F O X A S K R X Ţ G I A I
O R M C B T L W Y N J O Z N M
G T R O M P E T Ă Y J T E E W
```

BANJO	MANDOLINĂ
FAGOT	MARIMBA
VIOLONCEL	OBOI
CLARINET	PERCUŢIE
TOBĂ	PIAN
COPANE	SAXOFON
FLAUT	TAMBURINĂ
GONG	TROMBON
CHITARĂ	TROMPETĂ
HARPĂ	VIOARĂ

49 - Fruit

```
Y  Q  R  H  Y  S  A  S  D  D  H  A  I  A  B
W  Ă  S  Y  Q  E  K  V  F  W  H  E  C  W  A
Y  R  O  M  K  T  G  S  O  Ă  Ă  R  A  P  N
A  U  R  C  K  W  U  T  N  C  Ș  X  B  U  A
P  E  P  E  N  E  A  R  E  I  A  Q  T  M  N
N  M  S  J  U  Z  V  U  C  S  E  D  E  X  Ă
M  Z  U  T  N  B  A  G  T  R  R  P  O  L  Z
C  Ă  Z  G  H  W  F  U  A  E  I  Â  M  Ă  L
Q  C  R  M  O  R  I  R  R  I  C  H  B  A  T
P  A  P  A  Y  A  G  I  I  P  I  W  X  N  V
J  B  M  Y  D  B  P  F  N  L  P  L  H  A  Y
H  S  O  C  O  C  E  D  Ă  C  U  N  K  N  X
R  I  D  M  A  N  G  O  E  Q  Ă  S  I  A  C
A  N  L  Q  I  A  X  I  X  H  B  T  W  S  H
B  K  H  U  U  V  C  X  C  Z  J  G  I  I  R
```

MĂR	KIWI
CAISĂ	LĂMÂIE
AVOCADO	MANGO
BANANĂ	PEPENE
BACĂ	NECTARINĂ
CIREAȘĂ	PAPAYA
NUCĂ DE COCOS	PIERSICĂ
FIG	PARĂ
STRUGURI	ANANAS
GUAVA	ZMEURĂ

50 - Virtues #1

```
V U U A I V D M G T U K P P P
A P C C R S R X G M P O A R A
O X J U L G I V S P D L C A S
T U T N E G I L E T N I I C I
G E N E R O S A C H U T E T O
I I E Q R O H J M U B U N I N
M C I T S I T R A U R T T C A
A F C J U P V Ă D Y Z I X Z T
G V I S I C E D C L D A O K S
I V F C U R A T Ţ E U R N S E
N L E C B A Q P U Z M Y Q T D
A Î N C R E Z Ă T O R R L L O
T R U E R E D E R C N Î E D M
I G I N D E P E N D E N T F O
V Î N Ţ E L E P T Z E Ţ C N P
```

ARTISTIC	UTIL
FERMECĂTOR	IMAGINATIV
CURAT	INDEPENDENT
ÎNCREZĂTOR	INTELIGENT
CURIOS	MODEST
DECISIV	PASIONAT
EFICIENT	PACIENT
AMUZANT	PRACTIC
GENEROS	DE ÎNCREDERE
BUN	ÎNȚELEPT

51 - Engineering

```
L  C  O  N  S  T  R  U  C  Ț  I  E  M  A  S
U  I  M  D  S  A  C  D  T  W  K  I  O  D  T
N  H  S  A  I  K  S  F  Ă  I  T  G  T  Â  A
G  M  F  G  Ș  S  G  J  R  U  Z  R  O  N  B
H  M  K  D  U  I  T  W  I  F  O  E  R  C  I
I  E  I  X  R  E  N  R  E  Z  P  N  I  I  L
M  R  F  F  T  W  M  Ă  I  X  D  E  N  M  I
E  A  A  H  E  A  X  Ă  M  B  R  K  Ă  E  T
T  R  Z  W  M  A  R  U  T  C  U  R  T  S  A
L  U  C  L  A  C  T  Q  H  K  Q  Ț  M  P  T
E  S  R  K  I  I  H  G  R  Â  P  K  I  L  E
N  Ă  O  C  D  C  X  U  H  C  P  E  M  E  U
U  M  O  T  O  R  H  D  I  A  G  R  A  M  Ă
D  R  P  D  L  Ț  E  I  S  L  U  P  O  R  P
S  B  S  Ț  A  Z  A  L  D  L  G  Y  P  D  W
```

UNGHI	UNELTE
AXĂ	PÂRGHII
CALCUL	LICHID
CONSTRUCȚIE	MAȘINĂ
ADÂNCIME	MĂSURARE
DIAGRAMĂ	MOTOR
DIAMETRU	PROPULSIE
MOTORINĂ	STABILITATE
DISTRIBUȚIE	TĂRIE
ENERGIE	STRUCTURA

52 - Kitchen

```
K O F C O N D I M E N T E A L
O Y V R O F Y Y Ț K R S H L I
G E L J C P Ș O R Ț B V B I N
R R O T P U C C B Z Y W U M G
E A Ă I S V C I U C S C R E U
Ț O C T N P S N Y Ț L P E N R
E Ș O L A H I I C Z I U T T I
T I N C C R G A J R U T E E Ș
Ă Ț G R R E C E B N D U E L E
Z E E Q O D U C U L C I O R R
W B L Z B I P Ț A K R C B X V
N Y A B Ț G E B V G Q R M V E
L D T E C I N O L O P U F S Ț
D X O N O R T S A C T F H U E
Z C R L F F X K B O X H E B L
```

ȘORȚ	CEAINIC
CASTRON	CUȚITE
BEȚIȘOARE	POLONIC
CUPE	ȘERVEȚEL
ALIMENTE	CUPTOR
FURCI	REȚETĂ
CONGELATOR	FRIGIDER
GRĂTAR	CONDIMENTE
BORCAN	BURETE
ULCIOR	LINGURI

53 - Government

```
C D S O G N L U P Ţ Y L D P Q
I E R L O B M I S M E I I A D
D G T E R R G A D Y X B S Ș R
I E A Ă P H M Ă X E Ţ E T N E
R L T Ţ Ţ T H C U N R R I E E
U I S N F E A I Y U H T I C G
J V X E Z G N T E I U A C Ă A
K I W D Z N O I E Ţ P T T E L
O C I N M R B L E A M E F I I
E S W E C N C O D N L X F Ţ T
I S W P L C C P V S Y M Q U A
S G N E S V O R B I R E V C T
I M I D J M O N U M E N T S E
S O J N C O N S T I T U Ţ I E
X D E I Ţ A R C O M E D N D H
```

CETĂŢENIE	LEGE
CIVIL	LIDER
CONSTITUŢIE	LIBERTATE
DEMOCRAŢIE	MONUMENT
DISCUŢIE	NAŢIUNE
DISTRICT	PAȘNICĂ
EGALITATE	POLITICĂ
INDEPENDENŢĂ	VORBIRE
JURIDIC	STAT
DREPTATE	SIMBOL

54 - Art Supplies

```
Ș  V  E  R  A  C  C  D  L  Q  T  X  I  V  Q
E  Z  T  A  A  P  Y  K  V  I  R  O  L  U  C
V  V  A  D  L  X  A  V  Ă  M  P  U  H  H  E
A  L  T  I  E  L  U  R  L  U  T  I  E  D  I
L  B  I  E  A  L  X  N  Ă  J  F  A  C  Q  T
E  P  V  R  C  D  B  P  E  T  H  T  C  I  R
T  N  I  Ă  R  G  H  V  N  H  F  A  P  Ă  Â
C  N  T  W  I  V  T  J  R  U  Z  O  F  O  H
R  R  A  Q  L  G  P  U  E  Y  N  N  T  D  L
D  Q  E  H  I  Z  G  P  C  K  R  J  Z  O  Ț
Ț  L  R  I  C  B  C  Ă  R  B  U  N  E  W  N
B  D  C  I  O  S  C  A  U  N  F  X  T  Q  N
R  Ț  J  R  P  A  A  C  U  A  R  E  L  E  A
G  P  Z  E  W  Ț  N  E  F  T  A  B  E  L  Ț
S  M  H  P  H  L  A  E  L  E  S  P  O  V  E
```

ACRILIC	LIPICI
PERII	IDEI
APARAT FOTO	CERNEALĂ
SCAUN	ULEI
CĂRBUNE	VOPSELE
LUT	HÂRTIE
CULORI	CREIOANE
CREATIVITATE	TABEL
ȘEVALET	APĂ
RADIERĂ	ACUARELE

55 - Science Fiction

```
E  D  W  X  F  D  I  Y  X  V  D  O  C  U  G
S  I  J  O  U  C  A  M  T  O  I  R  Ă  S  A
X  S  F  R  T  J  H  F  U  W  T  A  R  Q  L
X  T  I  K  U  A  T  O  M  I  C  C  Ț  Y  A
F  O  D  Z  R  U  T  O  P  I  E  O  I  Ț  X
Y  P  X  I  I  Ț  O  B  O  R  J  L  Ț  W  I
M  I  J  F  S  M  I  S  T  E  R  I  O  S  E
C  E  X  Z  T  T  E  H  N  O  L  O  G  I  E
G  L  R  A  N  I  G  A  M  I  V  L  F  Q  T
O  S  O  T  P  L  A  N  E  T  Ă  F  O  C  L
M  F  U  N  X  I  L  U  Z  I  E  L  U  M  E
U  X  C  S  E  E  E  X  P  L  O  Z  I  E  F
C  I  N  E  M  A  F  A  N  T  A  S  T  I  C
R  L  Z  R  O  S  E  X  R  R  E  H  R  W  I
K  Z  B  Q  G  T  V  Y  M  V  Ț  S  E  R  N
```

ATOMIC	GALAXIE
CĂRȚI	ILUZIE
CINEMA	IMAGINAR
CLONE	MISTERIOS
DISTOPIE	ORACOL
EXPLOZIE	PLANETĂ
EXTREM	ROBOȚI
FANTASTIC	TEHNOLOGIE
FOC	UTOPIE
FUTURIST	LUME

56 - Geometry

```
N N C Z F O T R I U N G H I V
D U U U J R C A L C U L M I E
I T M N W I P R P A R A L E L
A E F Ă E Z E Z E I Q B Q I S
M O J I R O N U L C L L E R C
E R Q R C N B S E G M E N T U
T I E I R T E M I S N M U T R
R E L K O A I Ţ J M I I G B
U K L O B L Ţ R R E A Ţ S O Ă
B O N I G Ă A H O X S L N G N
Q E I C I I U W P Q Ă Ă E L A
J H R L M A C Ţ O I Y N M J I
C I O E K K E Ă R Z T Î I Y D
U N G H I Q C N P M V B D F E
S U P R A F A Ţ Ă Z I Q Ţ U M
```

UNGHI	MASĂ
CALCUL	MEDIANĂ
CERC	NUMĂR
CURBĂ	PARALEL
DIAMETRU	PROPORŢIE
DIMENSIUNE	SEGMENT
ECUAŢIE	SUPRAFAŢĂ
ÎNĂLŢIME	SIMETRIE
ORIZONTALĂ	TEORIE
LOGICĂ	TRIUNGHI

57 - Creativity

```
I  D  K  L  I  N  S  I  I  Ț  O  M  E  C  E
D  R  E  E  N  A  T  N  O  P  S  N  T  L  Î
E  A  H  B  E  H  S  V  F  V  Z  L  A  A  N
I  M  H  Z  I  L  V  E  T  H  J  K  T  R  D
U  A  X  R  N  N  E  N  I  G  A  M  I  I  E
W  T  X  K  L  W  U  T  K  K  U  M  D  T  M
F  I  J  C  I  T  S  I  T  R  A  Z  I  A  Â
A  C  E  E  O  E  L  V  Z  K  D  A  U  T  N
S  E  I  I  N  T  U  I  Ț  I  E  G  L  E  A
I  N  S  P  I  R  A  Ț  I  E  V  C  F  L  R
X  J  E  S  E  N  Z  A  Ț  I  E  N  X  L  E
X  D  R  Y  A  I  M  A  G  I  N  A  Ț  I  E
Y  K  P  I  N  T  E  N  S  I  T  A  T  E  N
E  S  X  V  I  T  A  L  I  T  A  T  E  H  P
N  G  E  I  S  E  R  P  M  I  I  V  Ț  I  K
```

ARTISTIC	INSPIRAȚIE
CLARITATE	INTENSITATE
DRAMATIC	INTUIȚIE
EMOȚII	INVENTIV
EXPRESIE	SENZAȚIE
FLUIDITATE	ÎNDEMÂNARE
IDEI	SPONTAN
IMAGINE	VIZIUNI
IMAGINAȚIE	VITALITATE
IMPRESIE	

58 - Airplanes

```
J  Y  O  E  Y  G  H  D  T  W  R  N  C  M  E
E  Y  G  F  B  G  I  D  C  T  D  E  V  L  C
C  C  J  M  B  A  D  H  M  H  E  R  Z  M  H
O  P  I  L  O  T  R  O  T  O  M  C  V  Z  I
M  N  O  L  A  B  O  P  A  S  A  G  E  R  P
B  M  S  U  E  K  G  N  Y  R  C  S  F  A  A
U  A  O  L  Ă  R  E  F  S  O  M  T  A  K  J
S  V  I  D  Ă  Ț  N  E  L  U  B  R  U  T  W
T  E  S  E  E  M  A  T  E  R  I  Z  A  R  E
I  N  T  R  T  L  B  R  L  N  I  Y  T  V  V
B  T  O  S  Y  A  L  T  I  T  U  D  I  N  E
I  U  R  C  O  N  S  T  R  U  C  Ț  I  E  C
L  R  I  Y  T  T  L  D  E  L  W  B  V  I  E
G  Ă  E  H  J  A  O  L  A  U  K  M  L  W  R
C  O  B  O  R  Â  R  E  M  I  Ț  L  Ă  N  Î
```

AVENTURĂ	COMBUSTIBIL
AER	ÎNĂLȚIME
ALTITUDINE	ISTORIE
ATMOSFERĂ	HIDROGEN
BALON	ATERIZARE
CONSTRUCȚIE	PASAGER
ECHIPAJ	PILOT
COBORÂRE	ELICE
MODEL	CER
MOTOR	TURBULENȚĂ

59 - Ocean

```
C  L  D  I  S  U  V  Ţ  Ţ  A  L  Q  O  S  M
N  A  A  Ţ  Y  C  D  E  C  L  Ţ  R  G  Z  C
Z  R  R  B  U  R  E  T  E  G  M  E  V  L  Ţ
G  O  D  A  R  E  U  N  B  E  P  I  L  A  P
B  C  L  Ă  C  R  A  B  O  Z  X  Q  O  N  F
A  G  N  S  L  A  M  P  C  H  H  G  U  I  L
L  F  I  U  F  G  T  C  F  V  X  Q  Y  F  D
E  J  H  Ă  R  U  E  I  R  U  L  A  V  L  T
N  M  C  L  D  Ţ  R  I  Ţ  E  Z  U  D  E  M
Ă  A  E  I  D  I  R  T  S  Ă  V  Z  I  D  G
W  R  R  H  S  A  R  E  U  N  L  E  S  P  R
X  E  E  G  T  T  O  N  I  N  B  T  T  S  P
Ţ  E  S  N  C  R  A  B  K  O  Ă  Ş  Q  Ă  Q
U  W  Y  A  R  E  C  I  F  T  I  E  V  Q  N
S  H  U  Q  C  F  A  D  N  C  K  P  C  N  R
```

ALGE	RECIF
BARCĂ	SARE
CORAL	RECHIN
CRAB	CREVETĂ
DELFIN	BURETE
ANGHILĂ	FURTUNĂ
PEŞTE	MAREE
MEDUZE	TON
CARACATIŢĂ	VALURI
STRIDIE	BALENĂ

60 - Force and Gravity

```
A  C  P  F  J  V  V  P  G  I  K  S  R  D  Q
C  E  R  M  A  D  I  Q  D  M  N  Z  M  I  D
S  N  O  E  X  O  U  U  W  P  D  V  A  S  P
S  T  P  C  Ă  D  R  W  J  A  F  L  G  T  A
D  R  R  A  X  I  W  B  H  C  F  S  N  A  M
E  U  I  N  F  N  P  X  I  T  Q  F  I  N  A
S  P  E  I  P  A  A  H  T  T  Q  R  T  Ţ  G
C  R  T  C  Z  M  B  B  K  T  Ă  E  U  Ă  N
O  E  Ă  A  I  I  I  N  N  F  C  C  D  J  E
P  S  Ţ  O  Z  C  T  T  W  K  I  A  I  X  T
E  I  I  R  G  Y  H  K  P  S  Z  R  N  N  I
R  U  P  I  M  P  U  L  S  Q  I  E  E  L  S
I  N  V  I  T  E  Z  Ă  D  F  F  O  R  L  M
R  E  E  X  P  A  N  S  I  U  N  E  Ţ  J  D
E  U  N  I  V  E  R  S  A  L  L  Ţ  C  D  J
```

AXĂ	MECANICA
CENTRU	IMPULS
DESCOPERIRE	ORBITĂ
DISTANŢĂ	FIZICĂ
DINAMIC	PRESIUNE
EXPANSIUNE	PROPRIETĂŢI
FRECARE	VITEZĂ
IMPACT	TIMP
MAGNETISM	UNIVERSAL
MAGNITUDINE	

61 - Birds

```
G C M A O L K Y E Y X G Z M S
S Â I K K I P V K T X L Q T T
S Ț S O G N I M A L F F E P R
F L P C A N I P V U L T U R U
P W U R Ă R E I Ț Ț A T K C Ț
R Ș Y Â Z O Ă N B N G O Ț J X
P U I T R F Ț G X A A U W Z P
P R R S A L A U O C P C C D T
A Ă I W B O R I T I A A Z D K
G C U C L Q F N C L P N N C V
F S M N V R A B I E C A N A R
L E B Ă D Ă I J Ț P A I D O Q
B P J C X B K Q T Y Z Q D N I
I X S K H W F B B I F R Q Q M
A A J W I C K Y L Q A X W D N
```

CANAR   STÂRC
PUI   STRUȚ
CIOARĂ   PAPAGAL
CUC   PĂUN
RAȚĂ   PELICAN
VULTUR   PINGUIN
OU   VRABIE
FLAMINGO   BARZĂ
GÂSCĂ   LEBĂDĂ
PESCĂRUȘ   TOUCAN

62 - Nutrition

```
E  I  X  J  S  K  B  Q  F  M  D  O  F  C  V
T  I  T  E  P  A  W  K  U  W  I  B  E  J  I
A  S  R  P  A  O  S  T  E  H  G  I  R  Y  T
T  B  D  O  X  K  Ţ  A  J  N  E  C  M  K  A
Ă  L  G  F  B  S  T  R  G  Q  S  E  E  U  M
N  H  T  K  Z  F  S  B  L  H  T  I  N  E  I
Ă  U  C  A  L  O  R  I  I  C  I  U  T  N  N
S  O  T  Ă  N  Ă  S  L  B  A  E  R  A  U  Ă
O  A  Ţ  R  F  Ă  Ţ  I  I  L  D  I  Ţ  Q  N
S  Q  M  Z  I  T  Ţ  H  T  I  I  U  I  C  I
E  H  R  A  S  E  F  C  S  T  C  A  E  H  X
L  Ţ  Ţ  K  R  I  N  E  E  A  U  E  B  B  O
C  R  F  K  K  D  H  T  M  T  L  C  W  F  T
G  R  E  U  T  A  T  E  O  E  G  J  T  D  E
P  R  O  T  E  I  N  E  C  A  R  O  M  Ă  X
```

APETIT	OBICEIURI
ECHILIBRAT	SĂNĂTATE
AMAR	SĂNĂTOS
CALORII	NUTRIENT
GLUCIDE	PROTEINE
DIETĂ	CALITATE
DIGESTIE	SOS
COMESTIBIL	TOXINĂ
FERMENTAŢIE	VITAMINĂ
AROMĂ	GREUTATE

63 - Hiking

```
A  I  S  U  O  V  O  G  E  T  Ţ  C  H  J  S
Z  R  T  D  E  P  B  K  R  I  I  L  N  J  Y
I  R  G  V  T  R  V  Ţ  I  E  J  I  V  E  P
H  U  H  P  O  S  P  W  L  O  U  M  P  U  I
P  A  E  R  I  T  Ă  G  E  R  P  A  I  R  H
V  E  R  P  A  R  C  U  R  I  X  T  E  C  W
K  A  R  T  A  N  I  M  A  L  E  V  T  A  Ţ
X  C  V  I  Ă  C  N  Â  T  S  Y  Q  R  M  C
H  R  R  B  C  O  Y  Q  M  K  Y  Y  E  P  I
B  O  T  I  S  O  B  O  L  M  A  P  Ă  I  Z
C  O  E  J  W  E  L  Ă  R  U  T  A  N  N  M
G  H  I  D  U  R  I  E  X  N  P  M  U  G  E
O  R  I  E  N  T  A  R  E  T  I  M  M  U  S
S  Ă  L  B  A  T  I  C  Ţ  E  R  A  O  S  M
J  W  N  S  R  B  U  B  Z  K  L  W  A  O  E
```

ANIMALE
CIZME
CAMPING
STÂNCĂ
CLIMAT
GHIDURI
PERICOLE
GREU
HARTĂ
MUNTE

NATURĂ
ORIENTARE
PARCURI
PREGĂTIREA
PIETRE
SUMMIT
SOARE
OBOSIT
APĂ
SĂLBATIC

64 - Professions #1

```
E D N R Q M M T C U Z P V G K
U D A R O D A S A B M A Â Y T
A B I R A N I R E T E V N R S
N I C T I T I E I Q L F Ă D I
T J I Z O Z A D B N S I T H N
R U Z D O R Y O X T A C O V A
E T U H L C R B X M W R R D I
N I M G E O L O G O U F E F P
O E R O T A L A T S N I H Ţ G
R R E L H R S W S C A F C E M
B R K O O C R O I T O R N S Ţ
N O M H P O M P I E R D A L G
D C J I D A N S A T O R B V G
F W V S N N X A S T R O N O M
X V K P W C A R T O G R A F T
```

AMBASADOR
ASTRONOM
AVOCAT
BANCHER
CARTOGRAF
ANTRENOR
DANSATOR
DOCTOR
EDITOR
POMPIER

GEOLOG
VÂNĂTOR
BIJUTIER
MUZICIAN
PIANIST
INSTALATOR
PSIHOLOG
MARINAR
CROITOR
VETERINAR

65 - Barbecues

```
C  G  Z  F  P  R  I  E  T  E  N  I  L  A  L
P  U  I  I  S  O  R  T  C  G  M  V  E  L  Y
S  F  M  E  W  I  R  A  O  Y  O  S  G  I  D
A  E  U  R  K  T  Y  L  R  J  L  Q  U  M  J
U  T  Z  B  M  Y  C  A  N  E  H  W  M  E  S
F  W  I  I  P  O  C  S  J  M  B  R  E  N  Z
I  V  C  N  J  B  E  Ț  Ț  Ț  K  G  A  T  I
M  V  Ă  Ț  E  I  M  S  Z  P  R  B  E  R
C  R  A  E  U  V  L  C  A  S  T  Ă  R  C  O
I  F  C  R  A  X  I  A  B  O  F  T  D  U  F
N  U  U  U  Ă  D  M  U  Ț  S  F  A  J  E  R
A  R  K  A  Ț  V  A  Q  K  H  R  R  W  W  Z
K  C  Y  M  Q  I  F  O  C  T  U  S  A  R  E
I  I  O  N  Ț  T  T  K  R  D  C  H  U  J  T
J  O  C  U  R  I  P  E  Ț  X  T  Ț  V  C  P
```

PUI	FIERBINTE
COPII	FOAME
CINA	CUȚITE
FAMILIE	MUZICĂ
ALIMENTE	SALATE
FURCI	SARE
PRIETENI	SOS
FRUCT	VARĂ
JOCURI	ROSII
GRĂTAR	LEGUME

66 - Vegetables

```
A Ă G I Q H R V L C A N A P S
K N B H D U D I Q A M K F A Y
M I G T I O R U T S U I F N Y
F L M H B M A U Ă T A L A S Q
V E J K I G B H V R C O S K Ţ
D Ţ O T A N U I P A M C E Q H
M A Z Ă R E A Q R V O C R O M
R J Y N G I F R X E B O U Z C
D I V R Z Ş B Z E T I R J C I
O Ă D I P O N O C E F B Q Ţ U
V Z A I Y R V Â N Ă T Ă R F P
L A B R C U W Ş A L O T Ă D E
E C B A B H C E A P Ă F L A R
A I U U T L E J N U R T Ă P C
C V F C Y U N N Z V S A K M Ă
```

ANGHINARE	CEAPĂ
BROCCOLI	PĂTRUNJEL
MORCOV	MAZĂRE
CONOPIDĂ	DOVLEAC
ȚELINĂ	RIDICHE
CASTRAVETE	SALATĂ
VÂNĂTĂ	ȘALOTĂ
USTUROI	SPANAC
GHIMBIR	ROȘIE
CIUPERCĂ	NAP

67 - The Media

```
U  P  L  I  N  I  G  A  M  I  E  T  P  A  F
E  B  P  Y  R  R  Z  Z  N  N  F  K  U  T  I
D  J  V  F  I  C  Y  O  Z  D  O  Ţ  B  I  N
E  U  P  Ă  L  G  N  M  D  I  N  B  L  T  A
I  N  D  U  S  T  R  I  E  V  L  B  I  U  N
Ţ  A  I  P  Ţ  E  W  S  T  I  I  W  C  D  Ţ
A  E  Ţ  E  R  N  R  I  S  D  N  L  B  I  A
C  O  P  I  N  I  E  P  I  U  E  A  P  N  R
U  D  I  G  I  T  A  L  V  A  F  I  S  I  E
D  L  Q  Z  B  V  V  U  E  L  A  C  O  L  A
E  I  Ţ  I  D  E  E  U  R  Y  J  R  I  X  X
C  O  M  U  N  I  C  A  R  E  G  E  D  B  D
I  N  T  E  L  E  C  T  U  A  L  M  A  T  I
M  T  B  F  X  E  B  V  E  I  X  O  R  Z  K
U  V  Q  F  B  L  F  T  N  M  U  C  O  P  Z
```

ATITUDINI	INDUSTRIE
COMERCIAL	INTELECTUAL
COMUNICARE	LOCAL
DIGITAL	REVISTE
EDIŢIE	REŢEA
EDUCAŢIE	PRESĂ
FAPTE	ONLINE
FINANŢAREA	OPINIE
IMAGINI	PUBLIC
INDIVIDUAL	RADIO

68 - Boats

```
I  Z  U  Q  P  Z  X  A  E  R  A  M  L  Y  L
G  Ţ  P  A  D  V  T  P  E  C  A  B  R  Â  U
T  H  C  Ţ  O  O  Ţ  O  R  S  H  J  V  I  Ţ
Q  J  T  P  L  U  T  Ă  A  T  V  I  I  K  H
A  C  Ă  R  U  D  N  A  M  A  E  G  P  V  Q
D  C  V  Q  L  P  A  S  R  A  N  I  R  A  M
D  A  J  X  A  A  E  G  E  A  N  C  Y  Ţ  J
O  N  R  R  I  M  C  A  I  A  C  C  D  U  Z
C  O  X  U  G  V  O  Q  N  C  E  D  O  T  Z
K  E  I  H  G  N  Â  R  F  Ţ  K  T  U  R  K
N  W  R  W  R  U  I  S  X  S  A  M  P  O  Ă
X  S  U  B  A  X  O  X  M  Z  X  L  T  T  O
M  Z  L  H  T  H  A  I  Ţ  I  P  E  K  O  X
Q  S  A  Y  A  P  D  A  O  P  B  Y  I  M  Z
A  P  V  F  C  Y  N  V  I  N  A  U  T  I  C
```

ANCORĂ	NAUTIC
GEAMANDURĂ	OCEAN
CANOE	PLUTĂ
ECHIPAJ	RÂU
DOCK	FRÂNGHIE
MOTOR	MARINAR
BAC	MARE
CAIAC	MAREE
LAC	VALURI
CATARG	IAHT

69 - Activities and Leisure

```
F  R  P  V  Ţ  G  N  I  F  R  U  S  F  X  C
X  E  R  E  O  I  R  Ă  D  N  U  F  U  C  S
Q  L  Q  Z  B  L  T  Ă  U  A  Ţ  M  M  K  K
P  A  N  E  Q  O  E  N  D  H  I  Ţ  R  I  L
C  X  H  I  I  U  X  I  T  I  U  C  S  E  P
U  A  D  R  U  M  E  Ţ  I  I  N  S  U  Z  Q
M  N  Ţ  O  H  P  G  O  L  F  B  Ă  Z  Ţ  X
P  T  D  T  Y  I  K  E  A  Q  A  O  R  T  Ţ
Ă  F  A  Ă  L  C  O  O  B  G  S  G  G  I  J
R  K  B  L  E  T  G  M  T  L  E  N  V  C  T
Ă  Y  P  Ă  O  U  W  N  O  Q  B  I  R  U  U
T  V  C  C  S  R  Ţ  I  F  Ă  A  P  R  R  O
U  V  P  N  P  A  Î  N  O  T  L  M  K  S  X
R  T  E  N  I  S  S  Ţ  Q  R  L  A  T  E  R
I  R  W  V  J  S  J  Y  B  A  S  C  H  E  T
```

ARTĂ	PICTURA
BASEBALL	CURSE
BASCHET	RELAXANT
BOX	CUMPĂRĂTURI
CAMPING	FOTBAL
SCUFUNDĂRI	SURFING
PESCUIT	ÎNOT
GRĂDINĂRIT	TENIS
GOLF	CĂLĂTORIE
DRUMEŢII	VOLEI

70 - Driving

```
C  O  M  B  U  S  T  I  B  I  L  T  G  B  M
A  H  L  Ă  Z  E  T  I  V  F  B  U  A  H  O
C  I  S  N  T  R  A  F  I  C  A  N  R  D  T
A  Y  E  I  T  I  L  O  P  H  V  E  A  E  O
W  H  Ț  Ș  G  J  F  H  T  D  D  L  J  O  C
W  O  U  A  M  U  A  C  C  I  D  E  N  T  I
W  Ț  O  M  M  V  R  E  F  O  Ș  G  Ț  U  C
W  V  B  F  G  J  J  A  Ă  Ț  N  E  C  I  L
M  U  R  D  V  S  T  V  N  O  I  M  A  C  E
N  O  T  E  I  P  Q  Z  H  Ț  Y  S  G  S  T
Ț  K  T  P  E  R  I  C  O  L  Ă  F  N  A  Ă
I  T  B  O  E  L  K  C  L  D  T  R  O  L  Z
H  N  O  H  R  Z  K  A  U  O  R  Â  Q  N  T
K  R  S  S  V  A  T  X  N  D  A  N  O  P  K
S  U  C  D  D  K  F  Q  D  G  H  E  L  V  A
```

ACCIDENT	MOTOR
FRÂNE	MOTOCICLETĂ
MAȘINĂ	PIETON
PERICOL	POLITIE
ȘOFER	DRUM
COMBUSTIBIL	SIGURANȚĂ
GARAJ	VITEZĂ
GAZ	TRAFIC
LICENȚĂ	CAMION
HARTĂ	TUNEL

71 - Biology

```
Q  D  B  B  N  Z  E  S  V  R  E  N  C  G  Ţ
B  A  C  T  E  R  I  I  H  E  H  M  D  Z  T
U  S  C  Ţ  G  U  Ţ  I  J  P  C  J  N  L  Q
Ă  H  W  X  A  W  U  I  R  T  A  O  F  R  P
N  O  Z  Ă  L  U  L  E  C  I  C  F  H  U  Q
I  E  E  T  O  Q  O  I  J  L  F  E  Ă  Ă  Y
E  T  U  X  C  P  V  M  R  Ă  Z  O  M  S  O
T  U  T  R  N  T  E  O  H  Z  J  P  I  P  M
O  G  I  Y  O  F  Ţ  T  F  O  U  I  Z  A  A
R  U  A  E  S  N  I  A  R  I  R  U  N  N  M
P  X  L  O  T  S  A  N  M  B  R  M  E  I  I
M  U  T  A  Ţ  I  E  A  P  M  J  E  O  S  F
C  R  O  M  O  Z  O  M  I  I  C  L  S  N  E
E  M  B  R  I  O  N  Z  E  S  M  N  Q  C  R
F  O  T  O  S  I  N  T  E  Z  Ă  D  E  H  N
```

ANATOMIE

BACTERII

CELULĂ

CROMOZOM

COLAGEN

EMBRION

ENZIMĂ

EVOLUŢIE

HORMON

MAMIFER

MUTAŢIE

FIRESC

NERV

NEURON

OSMOZĂ

FOTOSINTEZĂ

PROTEINĂ

REPTILĂ

SIMBIOZĂ

SINAPSĂ

72 - Professions #2

```
B F J T L I N G V I S T F N C
I B O U Ţ I N G I N E R E L H
B I Z T R S O N X Y R A R D I
L O O U O N P G G J E N M E R
I L O A S G A I H V N I I N U
O O L N D M R L L L F D E T R
T G O O V P O A I O B Ă R I G
E G G R U R T O F S T R J S Ţ
C N H T V O A B J O T G S T P
A V N S W F R F I L O Z O F B
R H O A P E T P I C T O R W G
M E D I C S S R P O V N A H K
J R I M P O U T W X K J O E Z
W B A S W R L A D O Y I K B W
C N W F A V I T C E T E D H R
```

ASTRONAUT
BIOLOG
DENTIST
DETECTIV
INGINER
FERMIER
GRĂDINAR
ILUSTRATOR
JURNALIST
BIBLIOTECAR

LINGVIST
PICTOR
FILOZOF
FOTOGRAF
MEDIC
PILOT
CHIRURG
PROFESOR
ZOOLOG

73 - Emotions

```
Z  B  Ă  C  I  R  F  P  S  A  J  Z  E  J  X
Z  K  L  K  A  Y  Q  V  E  U  E  I  R  U  F
D  R  A  G  O  S  T  E  N  V  N  R  G  G  E
M  R  E  F  S  J  U  I  S  Y  A  P  I  Z  X
M  E  S  E  B  T  C  T  I  R  T  X  I  E  C
X  C  I  R  U  R  Ă  A  B  S  E  B  Y  I  I
Q  U  T  I  N  I  F  P  I  U  T  L  D  S  T
P  N  C  C  Ă  S  S  M  L  R  Ș  U  I  W  A
A  O  I  I  T  I  I  I  P  I  Z  G  E  T
C  S  L  R  A  E  T  S  T  R  N  U  C  V  F
E  C  P  E  T  Ț  A  N  A  I  I  N  A  G  V
K  Ă  Ț  D  E  E  S  M  T  Z  L  I  L  F  B
E  T  I  D  Z  O  S  P  E  Ă  A  L  M  F  I
R  O  C  O  N  Ț  I  N  U  T  W  Y  M  W  F
Q  R  R  L  K  C  G  B  U  C  U  R  I  E  S
```

FURIE	BUNĂTATE
FERICIRE	DRAGOSTE
PLICTISEALĂ	PACE
CALM	RELIEF
CONȚINUT	TRISTEȚE
JENAT	SATISFĂCUT
EXCITAT	SURPRIZĂ
FRICĂ	SIMPATIE
RECUNOSCĂTOR	SENSIBILITATE
BUCURIE	LINIȘTE

74 - Mythology

```
F Z O T N I R I B A L T E R I
T U L K P E Ţ N I D E R C W X
U O L K I R M I G E L O Z I E
N R I G T A N U Ă V Z F C Z F
E E I Y E E F U R T S N O M Ă
T H Ţ Ţ H R U E U I Z Y M Y P
F R Ă Z R C D Ţ T J R H P B T
U R T S A Z E D L D J E O U U
T C I O E R A N U B Z Ă R T R
E D E M H O Q G C A D D T A Ă
A Z Z R Q T P G Y I Ţ N A D J
N K C I N I O B Z Ă R E M S P
N C O G B R Z E P L P G E O O
R E R X D U H M R F Z E N Q P
U Y N B Q M J M V F E L T Q X
```

ARHETIP	NEMURIRE
COMPORTAMENT	GELOZIE
CREDINŢE	LABIRINT
CREARE	LEGENDĂ
FĂPTURĂ	FULGER
CULTURĂ	MONSTRU
ZEITĂŢI	MURITOR
DEZASTRU	RĂZBUNARE
CER	TUNET
EROU	RĂZBOINIC

75 - Agronomy

```
J  Z  E  M  U  G  E  L  Q  S  M  A  B  S  Y
D  Z  B  C  P  H  A  I  G  I  J  G  W  S  W
E  K  S  R  O  L  D  A  B  S  D  R  Ă  T  Y
M  T  M  U  D  L  A  P  O  T  X  I  R  U  E
P  J  N  R  O  U  O  Ă  I  E  C  C  U  D  N
W  O  R  A  Q  P  Y  G  Q  M  Ș  U  T  I  E
W  A  L  L  L  Y  Y  M  I  E  T  L  L  U  R
E  Y  T  U  F  P  N  A  L  E  I  T  U  B  G
S  C  I  N  A  G  R  O  O  T  I  U  C  T  I
D  U  U  M  R  R  D  I  B  Ț  N  R  I  X  E
E  L  W  N  J  L  E  A  B  F  Ț  A  R  B  D
L  B  A  W  T  N  Â  M  Ă  Ş  Ă  R  G  N  Î
P  R  O  D  U  C  Ț  I  E  C  L  K  A  Ț  U
S  E  M  I  N  Ț  E  T  N  E  M  I  L  A  J
Q  Q  C  Q  J  Q  M  E  D  I  U  S  C  D  S
```

AGRICULTURĂ
BOLI
ECOLOGIE
ENERGIE
MEDIU
AGRICULTURA
ÎNGRĂŞĂMÂNT
ALIMENTE
ORGANIC
PLANTE

POLUARE
PRODUCȚIE
RURAL
ȘTIINȚĂ
SEMINȚE
STUDIU
SISTEME
LEGUME
APĂ

76 - Hair Types

```
Y  G  L  I  N  G  U  Î  S  U  B  Ţ  I  R  E
R  J  O  F  E  Ţ  S  M  Ţ  P  M  K  C  R  C
Q  X  G  S  G  J  T  P  L  D  P  A  H  S  P
M  Z  A  X  R  U  E  L  C  U  B  S  E  C  X
G  N  U  L  U  M  E  L  A  O  M  L  D  E
O  R  I  M  D  H  I  T  P  S  B  R  L  F  D
N  I  I  T  Q  N  H  I  S  O  J  K  A  I  G
D  L  A  P  I  R  U  T  I  T  E  L  P  M  Î
U  U  D  V  S  T  Y  A  Z  Ă  T  Y  L  D  Z
L  C  N  I  G  N  L  C  Y  N  A  G  N  D  A
A  I  G  Ţ  O  H  O  S  Q  Ă  R  Y  R  N  I
T  O  F  O  M  F  T  U  T  S  O  V  Ţ  O  X
N  S  A  P  A  U  Q  H  T  W  L  U  H  L  S
H  Q  L  S  Ţ  Z  L  I  W  I  O  F  F  B  O
O  M  B  S  C  U  R  T  E  R  C  Z  A  M  R
```

CHEL	GRI
NEGRU	SĂNĂTOS
BLOND	LUNG
ÎMPLETIT	LUCIOS
ÎMPLETITURI	SCURT
MARO	MOALE
COLORATE	GROS
BUCLE	SUBȚIRE
CRET	ONDULAT
USCAT	ALB

77 - Garden

```
J F E L C W F V Ă C N A B X B
J V U D I A Z P N J A R A G R
R E K R Ă D A V I L C P P R X
L E M A T D Ă G L J K Z O M Q
B L A G A U D A U Z N I Z C D
L A I K P I N Z B G Q N D D Q
H V W D O W A O M Ș Ă E H E O
K Ă G Q L I R N A I S I S T Q
F L O A R E E K R F A U Y W Q
V B O C B S V Z T U R R P C I
S E L M M O X W L T E U B I J
P R S F Y L H I U R T B J Ă D
S G A Q G R Ă D I N Ă E J Q J
N G Z J M V K B Z W B T V V K
W U B H A M A C G N I G D B M
```

BANCĂ	LIVADĂ
TUFIȘ	IAZ
GARD	VERANDĂ
FLOARE	GREBLĂ
GARAJ	LOPATĂ
GRĂDINĂ	SOL
IARBĂ	TERASĂ
HAMAC	TRAMBULINĂ
FURTUN	COPAC
GAZON	BURUIENI

78 - Diplomacy

```
T  C  H  N  R  W  X  N  T  A  F  I  Ţ  Z  Z
P  O  J  T  G  N  Ţ  R  A  T  I  N  A  M  U
X  O  I  K  W  H  T  E  T  A  D  T  A  K  U
S  P  J  M  B  C  L  V  A  M  R  E  M  X  F
O  E  O  V  R  X  R  U  R  B  E  G  B  S  B
L  R  D  I  C  V  V  G  T  A  P  R  A  E  Ţ
U  A  E  T  I  C  Ă  S  G  S  T  I  S  C  R
Ţ  R  T  P  V  P  P  B  M  A  A  T  A  U  E
I  E  P  V  I  P  L  O  Z  D  T  A  D  R  Z
E  I  Ţ  U  C  S  I  D  L  Ă  E  T  O  I  O
C  E  T  Ă  Ţ  E  N  I  N  I  Z  E  R  T  L
C  O  N  F  L  I  C  T  U  Q  T  U  J  A  U
G  B  C  O  N  S  I  L  I  E  R  I  M  T  Ţ
Q  A  Z  E  T  A  T  I  N  U  M  O  C  E  I
R  Z  O  D  I  P  L  O  M  A  T  I  C  Ă  E
```

CONSILIER
AMBASADOR
CETĂȚENI
CIVIC
COMUNITATE
CONFLICT
COOPERARE
DIPLOMATIC
DISCUȚIE
AMBASADĂ

ETICĂ
GUVERN
UMANITAR
INTEGRITATE
DREPTATE
POLITICĂ
REZOLUȚIE
SECURITATE
SOLUȚIE
TRATAT

79 - Countries #1

```
V C I G N N P F R Ţ M I V E I
I C T A O I O I I O G L K G S
E Ţ A M D C L Y F N M K C I R
T X L A B A O T M J L Â B P A
N T I N R R N R C G A A N T E
A W A A A A I A L Z Q L N I L
M R I P Z G A I C K Z E U D A
N E G V I U W N O M O U A V A
T L E Y L A J A R S L Z Z Z J
Y O V O I N J M A E E E F E D
K A R I A V H R M N T N I C W
R U O E W I U E R E O E F K X
Y F N J D W H G E G N V Y P P
L I B I A C K R H A I L E Z T
S P A N I A Z W E L A I S C H
```

BRAZILIA
CANADA
EGIPT
FINLANDA
GERMANIA
IRAK
ISRAEL
ITALIA
LETONIA
LIBIA

MAROC
NICARAGUA
NORVEGIA
PANAMA
POLONIA
ROMÂNIA
SENEGAL
SPANIA
VENEZUELA
VIETNAM

80 - Adjectives #1

```
Î  K  G  E  N  K  F  K  O  R  N  C  Q  G  A
N  Q  D  I  X  R  F  R  U  M  O  S  P  E  R
C  I  S  W  Z  O  K  Y  E  W  D  L  T  N  O
E  P  R  V  M  V  T  U  L  O  S  B  A  E  M
T  E  C  P  J  A  K  I  T  C  O  W  I  R  A
G  T  I  Ţ  X  P  M  G  C  G  I  H  J  O  T
Î  N  T  U  N  E  R  I  C  R  R  O  S  S  O
R  C  S  Y  C  V  R  G  D  E  E  C  I  O  Y
N  A  I  V  H  H  X  I  E  U  S  L  N  R  I
G  G  T  C  D  W  O  O  Ţ  X  N  M  C  O  D
F  E  R  I  C  I  T  V  R  B  U  X  E  L  E
D  Y  A  M  O  D  E  R  N  L  U  T  R  A  N
A  T  R  A  C  T  I  V  B  X  V  S  I  V  T
I  M  P  O  R  T  A  N  T  U  S  Ţ  J  L  I
A  M  B  I  Ţ  I  O  S  L  W  V  Y  G  K  C
```

ABSOLUT	GREU
AMBIŢIOS	UTIL
AROMAT	SINCER
ARTISTIC	IDENTIC
ATRACTIV	IMPORTANT
FRUMOS	MODERN
ÎNTUNERIC	SERIOS
EXOTIC	ÎNCET
GENEROS	SUBŢIRE
FERICIT	VALOROS

81 - Rainforest

```
O  D  U  S  B  Ț  Y  Z  S  D  F  R  R  S  H
C  T  I  R  Ă  S  Ă  P  P  R  U  E  C  U  N
T  Y  G  V  N  H  U  P  E  N  M  S  O  P  V
L  N  U  N  E  O  Ț  S  C  A  E  T  M  R  Y
O  A  F  H  T  R  R  X  I  T  X  A  U  A  H
B  X  E  K  C  E  S  I  E  U  C  U  N  V  V
O  M  R  B  E  N  E  I  M  R  Y  R  I  I  A
T  C  E  P  S  E  R  N  T  Ă  E  A  T  E  L
A  Ă  U  Ț  N  G  E  E  C  A  K  R  A  Ț  O
N  L  Y  V  I  I  F  I  L  O  T  E  T  U  R
I  G  F  J  Ț  D  I  B  I  A  T  E  E  I  O
C  N  W  U  Ț  N  M  I  M  G  O  W  M  R  S
M  U  Ș  C  H  I  A  F  A  P  Ț  H  H  E  M
N  J  B  L  J  V  M  M  T  H  J  X  A  U  Q
E  D  U  A  N  E  R  A  V  R  E  S  N  O  C
```

AMFIBIENI
PĂSĂRI
BOTANIC
CLIMAT
NORI
COMUNITATE
DIVERSITATE
INDIGENE
INSECTE
JUNGLĂ

MAMIFERE
MUȘCHI
NATURĂ
CONSERVARE
REFUGIU
RESPECT
RESTAURARE
SPECIE
SUPRAVIEȚUIRE
VALOROS

82 - Global Warming

```
A A I Ț Q U J L T M T O Ț S G
H T C U C D I E C K E M A B E
A I E U S H Y G M W Ț D V K N
B N R N M Ă C I T C R A I Z E
I D A R Ț Z W S O O O A I U R
T U T E Y I I L M P T F Ț F A
A S L V J R E A D F I R A H Ț
T T O U W C I Ț E Z I X L P I
E R V G G Y G I Ș J V Q U R I
U I Z G O O R E T C V V P N L
Q E E O G V E G I L L N O D O
K E D D R G N O I I L Ț P J C
T Q L A L W E G N M D A T E O
E D M W T G T L Ț A T A B L T
U Y G A Z H K G Ă T S A C H Q
```

ARCTIC	GAZ
ATENȚIE	GENERAȚII
CLIMAT	GUVERN
CRIZĂ	HABITATE
DATE	INDUSTRIE
DEZVOLTARE	LEGISLAȚIE
ENERGIE	ACUM
MEDIU	POPULAȚII
VIITOR	OM DE ȘTIINȚĂ

83 - Landscapes

```
K  R  S  I  I  K  E  P  L  A  J  Ă  I  E  P
B  T  C  Ţ  N  X  K  Ţ  O  Y  X  B  T  V  E
J  P  Z  Q  S  Z  R  W  Ă  O  J  S  G  S  N
S  Ă  Q  Ă  U  R  Z  G  R  J  L  F  M  W  I
N  D  O  N  L  O  N  H  E  L  A  V  R  X  N
O  A  T  I  Ă  H  Ţ  E  T  U  N  D  R  Ă  S
C  C  W  T  A  Ţ  R  I  Ș  I  U  X  E  E  U
Y  S  E  Ș  V  B  D  Z  E  T  Â  L  F  R  L
M  A  Q  A  S  D  E  E  P  M  R  Y  P  I  Ă
Q  C  Ţ  L  N  E  Ș  R  E  N  A  C  L  U  V
M  F  M  M  V  A  E  L  N  B  Ţ  R  Ţ  H  F
L  A  C  U  D  L  R  R  D  B  E  O  E  M  Q
G  U  Ţ  T  N  G  T  E  W  Ţ  H  O  A  Z  Ă
Q  I  H  L  Q  T  O  Q  A  V  G  B  V  D  O
O  Ţ  V  P  G  R  E  B  S  I  A  Y  U  I  N
```

PLAJĂ	OAZĂ
PEȘTERĂ	OCEAN
DEȘERT	PENINSULĂ
GHEIZER	RÂU
GHEȚAR	MARE
DEAL	MLAȘTINĂ
AISBERG	TUNDRĂ
INSULĂ	VALE
LAC	VULCAN
MUNTE	CASCADĂ

84 - Visual Arts

```
A E A S Ă V I T C E P S R E P
S R Y Y V L A C A T B W C I Ţ
S I T F N U R E P A I S E Ţ Ţ
O C M I V V G R O T M A A I A
X E U M S K I A D I F P R Z R
T N S L N T L M O V O O Ă O H
R U N I P O Ă I P I T R F P I
C B O F C T T C E T O T N M T
P R I W L Q U Ă R A G R Ţ O E
P Ă E Y T V L R Ă E R E H C C
V C R T X K N Y Ă R A T O V T
D C C C Ă X D X Q C F Z B P U
L A C M R A R U T C I P I X R
V C L A I T E L A V E Ș V K Ă
K Z W G C T U Q Z N O W O A J
```

ARHITECTURĂ	CAPODOPERĂ
ARTIST	PICTURA
CERAMICĂ	PIX
CRETĂ	CREION
CĂRBUNE	PERSPECTIVĂ
ARGILĂ	FOTOGRAFIE
COMPOZIŢIE	PORTRET
CREATIVITATE	SCULPTURĂ
ȘEVALET	LAC
FILM	CEARĂ

85 - Plants

```
G  K  P  Y  O  D  F  C  F  F  B  X  H  L  C
F  R  I  A  R  B  Ă  A  R  F  L  A  P  I  A
S  M  Ă  L  A  T  E  P  U  A  W  O  C  H  C
C  M  N  D  J  W  Q  O  N  S  F  I  R  Ă  T
L  W  I  U  I  T  H  C  Z  O  T  I  U  Ă  U
O  V  C  W  H  N  H  I  E  L  F  X  X  C  S
S  S  Ă  W  C  Â  Ă  E  R  E  S  P  X  I  U
A  K  D  Z  Ș  M  N  D  A  V  B  E  Q  N  B
K  M  Ă  W  U  Ă  I  E  O  A  D  M  V  A  M
E  L  R  C  M  Ș  P  R  L  K  B  F  V  T  A
T  U  F  I  Ș  Ă  L  Ă  F  I  T  V  Z  O  B
O  E  A  J  Z  R  U  P  Ă  D  U  R  E  B  J
S  F  K  T  Z  G  T  P  P  I  K  V  S  N  V
Q  N  U  L  J  N  V  E  G  E  T  A  Ț  I  E
K  U  T  Y  O  Î  O  Ţ  H  J  U  T  W  K  R
```

BAMBUS	PĂDURE
FASOLE	GRĂDINĂ
BACĂ	IARBĂ
BOTANICĂ	IEDERĂ
TUFIȘ	MUȘCHI
CACTUS	PETALĂ
ÎNGRĂȘĂMÂNT	RĂDĂCINĂ
FLORĂ	TULPINĂ
FLOARE	COPAC
FRUNZE	VEGETAȚIE

86 - Countries #2

```
Ţ C U V R U G A N D A F M X E
J L N L A U A N I A R C U N U
M I R A I L S U T R Q L V A Q
U B D O R D B I Z Ţ I O T T K
Y E C S E A O A A T H S H S A
Y R Ţ J G N Z I N G R E C I A
V I G X I E J N A I M E D K I
L A P E N M H O D O A U O A L
G L L Z A A T P U S I O M P A
I E Y T B R X A S U P Z E B M
U J B E I C J J O J O M X D O
H V Ţ M L A S R H S I S I M S
J A M A I C A H A I T I C Z Q
S C Z J P Z G Ţ C O E G Y L H
Q V R Ţ A H R I Q K L N B H C
```

ALBANIA	MEXIC
DANEMARCA	NEPAL
ETIOPIA	NIGERIA
GRECIA	PAKISTAN
HAITI	RUSIA
JAMAICA	SOMALIA
JAPONIA	SUDAN
LAOS	SIRIA
LIBAN	UGANDA
LIBERIA	UCRAINA

87 - Ecology

```
M  K  E  S  C  P  C  D  U  R  A  B  I  L  Ă
D  A  S  F  V  L  S  L  R  B  M  K  Q  A  R
I  B  R  N  R  A  E  I  I  E  N  D  Q  B  O
V  Ţ  U  I  Z  N  R  N  M  M  S  L  T  O  L
E  T  S  C  N  T  I  T  A  G  A  B  E  L  F
R  E  E  S  Ă  E  F  C  C  T  Z  T  E  G  C
S  Y  R  Y  N  P  D  E  O  V  U  K  T  J  L
I  H  A  B  I  T  A  T  M  A  P  R  Y  X  B
T  K  O  P  T  X  K  P  U  R  R  Ţ  Ă  W  L
A  T  N  P  Ș  L  Z  X  N  I  I  P  F  Q  V
T  S  B  B  A  U  S  N  I  E  I  C  E  P  S
E  U  C  D  L  H  E  N  T  T  F  A  U  N  Ă
Z  X  L  K  M  X  I  D  Ă  A  H  V  Y  M  E
S  E  C  E  T  Ă  V  K  Ţ  T  N  G  H  S  W
V  Y  S  R  Q  L  N  U  I  E  Q  W  H  J  H
```

CLIMAT	MLAȘTINĂ
COMUNITĂȚI	FIRESC
DIVERSITATE	NATURĂ
SECETĂ	PLANTE
FAUNĂ	RESURSE
FLORĂ	SPECIE
GLOBAL	DURABILĂ
HABITAT	VARIETATE
MARIN	

88 - Adjectives #2

```
M  U  F  I  O  C  S  E  R  I  F  J  G  Y  P
X  E  O  I  A  J  E  T  N  I  B  R  E  I  F
E  V  A  T  M  J  F  L  C  L  O  B  Y  O  A
I  C  M  A  I  R  F  X  E  R  D  A  M  B  S
U  I  E  T  A  C  S  U  T  B  E  B  W  E  W
S  O  M  N  O  R  O  S  A  J  R  A  V  Ţ  H
P  S  K  E  E  L  E  G  A  N  T  U  T  R  U
U  Ă  W  L  Z  Q  T  T  R  Y  T  D  O  I  S
T  L  M  A  P  R  O  D  U  C  T  I  V  N  V
E  B  U  T  R  E  S  P  O  N  S  A  B  I  L
R  A  O  A  D  E  S  C  R  I  P  T  I  V  A
N  T  X  R  I  N  T  E  R  E  S  A  N  T  I
I  I  X  Ă  Ţ  Z  A  U  T  E  N  T  I  C  X
C  C  I  S  U  C  L  M  Â  N  D  R  U  R  B
S  Ă  N  Ă  T  O  S  H  C  Y  M  P  E  A  P
```

AUTENTIC	INTERESANT
CREATIV	FIRESC
DESCRIPTIV	NOU
USCAT	PRODUCTIV
ELEGANT	MÂNDRU
CELEBRU	RESPONSABIL
TALENTAT	SĂRAT
SĂNĂTOS	SOMNOROS
FIERBINTE	PUTERNIC
FOAME	SĂLBATIC

89 - Psychology

```
T  Q  B  R  U  C  G  W  H  P  Q  Z  B  S  A
C  E  M  I  W  Y  I  M  Z  R  I  Ţ  W  E  H
I  E  R  I  Q  S  I  N  L  O  G  E  N  N  S
L  R  W  A  Ţ  U  E  W  I  B  Ţ  Y  J  Z  U
F  N  Q  N  P  E  R  A  U  L  A  V  E  A  B
N  R  Y  B  O  I  E  D  I  E  C  C  T  Ţ  C
O  I  I  Ţ  O  M  E  Y  A  M  O  O  A  I  O
C  G  Â  N  D  U  R  I  V  Ă  M  P  T  E  N
V  I  S  E  Z  P  F  T  N  S  Z  I  I  S  Ş
C  U  N  O  A  Ş  T  E  R  E  U  L  L  Q  T
P  E  R  C  E  P  Ţ  I  E  E  G  Ă  A  D  I
O  E  T  A  T  I  L  A  N  O  S  R  E  P  E
X  T  N  E  I  T  Ş  N  O  C  N  I  R  H  N
P  R  O  G  R  A  M  A  R  E  L  E  A  I  T
C  O  M  P  O  R  T  A  M  E  N  T  I  A  Z
```

PROGRAMARE	IDEI
EVALUARE	PERCEPŢIE
COMPORTAMENT	PERSONALITATE
COPILĂRIE	PROBLEMĂ
CLINIC	REALITATE
CUNOAŞTERE	SENZAŢIE
CONFLICT	SUBCONȘTIENT
VISE	TERAPIE
EGO	GÂNDURI
EMOŢII	INCONŞTIENT

90 - Math

```
J  V  G  C  G  H  E  Ţ  Ţ  F  P  P  A  A  P
D  R  E  P  T  U  N  G  H  I  A  E  R  R  Ă
R  R  A  X  N  P  U  L  X  H  R  R  C  I  T
X  A  B  I  E  O  I  O  E  G  A  I  I  T  R
F  Y  Z  Ţ  N  L  Ţ  B  J  N  L  M  R  M  A
S  E  L  Ă  O  I  C  Z  K  U  E  E  C  E  T
W  I  A  U  P  G  A  N  K  I  L  T  U  T  P
R  R  M  C  X  O  R  B  B  R  O  R  M  I  A
X  T  I  E  E  N  F  A  E  T  G  U  F  C  R
V  E  C  O  T  Q  G  H  V  O  R  Z  E  Ă  A
O  M  E  G  D  R  U  W  I  A  A  T  R  T  L
L  O  Z  X  Y  G  I  S  U  H  M  T  I  Q  E
U  E  I  Ţ  A  U  C  E  R  E  M  U  N  Ţ  L
M  G  D  I  A  M  E  T  R  U  P  Z  Ţ  D  A
U  N  G  H  I  U  R  I  W  I  Q  A  Ă  Z  D
```

UNGHIURI	PARALEL
ARITMETICĂ	PARALELOGRAM
CIRCUMFERINŢĂ	PERIMETRU
ZECIMAL	POLIGON
DIAMETRU	RAZĂ
ECUAŢIE	DREPTUNGHI
EXPONENT	PĂTRAT
FRACŢIUNE	SIMETRIE
GEOMETRIE	TRIUNGHI
NUMERE	VOLUM

91 - Water

```
C  Ț  I  C  Z  U  Â  R  P  O  C  E  A  N  Q
A  H  N  E  Ă  Ț  M  S  K  L  W  X  H  X  K
N  C  U  J  P  J  J  I  Z  Y  O  Ț  M  S  N
A  U  N  C  A  L  Ș  U  D  W  X  A  Q  P  U
L  R  D  W  D  U  I  D  L  I  Q  E  I  R  R
B  E  A  N  Ă  P  N  X  F  V  T  R  U  E  A
A  N  Ț  Z  Ț  Î  N  G  H  E  Ț  A  C  Z  G
W  T  I  Q  A  B  N  B  L  A  V  R  T  I  A
X  Ț  I  Z  E  D  E  M  U  P  A  O  N  E  N
J  T  V  Y  H  M  U  S  O  N  L  P  Q  H  Ț
A  C  H  S  G  V  Ț  I  L  P  U  A  E  G  X
C  B  I  R  I  G  A  R  E  F  R  V  U  E  H
P  A  U  Y  N  W  G  Y  T  Z  I  E  Z  E  G
W  Z  M  R  L  Y  M  J  W  K  J  Y  T  S  F
R  R  M  Z  E  N  C  S  P  T  N  J  Q  J  E
```

CANAL	UMIDITATE
UMEDE	MUSON
EVAPORARE	OCEAN
INUNDAȚII	PLOAIE
ÎNGHEȚ	RÂU
GHEIZER	DUȘ
URAGAN	ZĂPADĂ
GHEAȚĂ	ABUR
IRIGARE	CURENT
LAC	VALURI

92 - Activities

```
C V D Î N D E M Â N A R E I T
A Â A R A R T Ă Y K T L B N I
M N I R U G U Ş E T Ş E M T M
P Ă D A Y M B B O U L L R E P
I T Z A H Y E E N S C E E R L
N O U G N F J Ţ R U E C L E I
G A W N D S C F I C R T A S B
O R M D X L N T R I A U X E E
P E R E C Ă L P U T M R A M R
H E S A K W I X C C I Ă R A N
Y S S P M J Q V O G C P E B Y
L L O C W D L V J Ţ Ă W N L F
L R H R U F O T O G R A F I E
U Z U B T I R Ă N I D Ă R G Q
M A G I E E T A T I V I T C A
```

ACTIVITATE
ARTĂ
CAMPING
CERAMICĂ
MEŞTEŞUGURI
DANS
PESCUIT
JOCURI
GRĂDINĂRIT
DRUMEŢII

VÂNĂTOARE
INTERESE
TIMP LIBER
MAGIE
FOTOGRAFIE
PLĂCERE
LECTURĂ
RELAXARE
CUSUT
ÎNDEMÂNARE

93 - Business

```
O L M G W G Z D I A Ţ Ă A U J
P J A H A P V S N N E C R R J
W E G V I H Ţ X V G B I R O U
E T A Q B A N I E A V R H Z C
C E Z Z Ţ D J V S J S B T B T
O L I U A Y V E T A Ă A G M A
N L N N F T G Ţ I T R F A A X
O F I N A N Ţ A Ţ S E B R N E
M I R H E P K O I O I I K A D
I G U S H Z M N I C R R F G M
E Ă T U L A V O Q C A Ţ N E K
G X I I N B F R C S C P T R U
Ţ C N T R E D U C E R E X F N
M Q E Q X V V Â N Z A R E T J
A U V Ţ Q Q B U G E T Z A S O
```

BUGET
CARIERĂ
COMPANIE
COST
VALUTĂ
REDUCERE
ECONOMIE
ANGAJAT
FABRICĂ
FINANŢA

VENITURI
INVESTIŢII
MANAGER
MARFĂ
BANI
BIROU
VÂNZARE
MAGAZIN
TAXE

94 - The Company

```
Ţ  D  P  I  N  V  E  S  T  I  Ţ  I  I  D  R
K  D  R  P  R  O  F  E  S  I  O  N  A  L  E
I  K  O  C  R  E  A  T  I  V  K  P  Y  N  P
I  R  D  I  N  D  U  S  T  R  I  E  Q  N  U
X  A  U  T  D  E  C  I  Z  I  E  Ţ  E  S  T
P  J  S  C  A  F  A  C  E  R  I  C  G  C  A
A  R  P  O  S  I  B  I  L  I  T  A  T  E  T
R  N  O  Z  W  I  V  E  N  I  T  U  R  I  I
E  C  G  G  E  W  R  U  N  I  T  Ă  Ţ  I  E
S  B  J  A  R  C  A  L  I  T  A  T  E  I  Ţ
U  E  H  Q  J  E  Ţ  N  I  D  N  E  T  I  S
R  J  C  E  M  A  S  P  A  S  C  Ţ  X  G  I
S  G  F  E  J  E  R  A  T  N  E  Z  R  P
E  X  Z  S  U  X  Q  E  G  L  O  B  A  L  U
I  N  O  V  A  T  O  R  F  K  L  N  E  M  Z
```

AFACERI	PRODUS
CREATIV	PROFESIONAL
DECIZIE	PROGRES
ANGAJARE	CALITATE
GLOBAL	REPUTATIE
INDUSTRIE	RESURSE
INOVATOR	VENITURI
INVESTIŢII	RISCURI
POSIBILITATE	TENDINŢE
PREZENTARE	UNITĂŢI

95 - Literature

```
T  M  R  F  Q  E  C  A  Z  D  Ț  U  R  R  L
E  G  C  I  T  E  O  P  N  F  I  X  R  I  H
M  D  V  U  M  Q  Q  X  A  E  B  A  L  T  X
Ă  M  Ț  T  Y  Ă  X  I  M  I  C  G  L  M  P
Ț  E  A  U  T  O  R  V  O  F  H  D  R  O  S
W  T  A  E  E  I  Ț  A  R  A  P  M  O  C  G
H  A  Ț  H  I  P  Q  T  A  R  O  C  T  T  N
R  F  E  Z  G  O  M  M  Q  G  L  F  A  L  Ă
C  O  V  G  O  E  W  K  T  O  N  A  R  G  Z
D  R  S  Q  L  M  Ț  Y  D  I  Q  B  A  T  I
V  Ă  H  J  A  L  E  H  X  B  U  J  N  R  L
T  A  K  O  N  C  O  N  C  L  U  Z  I  E  A
I  K  Q  Y  A  F  I  C  Ț  I  U  N  E  Ț  N
D  E  S  C  R  I  E  R  E  S  T  I  L  H  A
T  R  A  G  E  D  I  E  Q  F  B  T  B  T  J
```

ANALOGIE	METAFORĂ
ANALIZĂ	NARATOR
ANECDOTĂ	ROMAN
AUTOR	POEM
BIOGRAFIE	POETIC
COMPARAȚIE	RIMĂ
CONCLUZIE	RITM
DESCRIERE	STIL
DIALOG	TEMĂ
FICȚIUNE	TRAGEDIE

96 - Geography

```
K S R A C B Ă R A Ț S X X S A
Q Q N T U E R Q L C U Q M P T
C O N T I N E N T Y D Y A M G
Ț Z A B F I F Ș H F V M R Y N
Q H E E N D S A L T A E E G O
N Z C G P U I R Y V X S S T R
A X O G E T M O H A R T Ă T D
I P O F M I E S Q T B I B V K
D N I T Z T T N Z I R N M L M
I G S L A L N P B T X P I G U
R R M U A A U I R O T I R E T
E Â A G L W M R E G I U N E L
M F U O E Ă Z O U I Z D D H U
W R L A T I T U D I N E C W M
B N N B D F D O G G A O F F E
```

ALTITUDINE	MUNTE
ATLAS	NORD
ORAȘ	OCEAN
CONTINENT	REGIUNE
ȚARĂ	RÂU
EMISFERĂ	MARE
INSULĂ	SUD
LATITUDINE	TERITORIU
HARTĂ	VEST
MERIDIAN	LUME

97 - Jazz

```
O G E F P I F I P E C K M O A
R V T C E L E B R U B A O H R
C V A V U F P X Ă C I N H E T
H F A V O R I T E Y T O B E I
E T E M N M H A B T C B P Z S
S I A K I N C C O Z M E F B T
T C Ţ L A L E C E Z U A L P A
R L W I E E V E P C Z L F G N
Ă V J R Z N S N N S I R I T M
Ţ C J Q Ţ O T T R E C N O C L
R O T I Z O P M O C Ă N U E E
J F W C W N J M L P I E E T C
A L B U M Q O D O S T I L N G
N Q J R Z H M M N C B T T Â I
I M P R O V I Z A Ţ I E A C N
```

ALBUM	IMPROVIZAŢIE
APLAUZE	MUZICĂ
ARTIST	NOU
COMPOZITOR	VECHI
COMPOZIŢIE	ORCHESTRĂ
CONCERT	RITM
TOBE	CÂNTEC
ACCENT	STIL
CELEBRU	TALENT
FAVORITE	TEHNICĂ

98 - Nature

```
J  C  P  R  F  S  G  X  J  D  J  N  R  L  W
S  Y  F  O  P  F  H  H  C  I  P  W  O  I  X
Q  C  E  A  Ț  Ă  E  W  P  N  W  U  D  R  C
D  E  Ș  E  R  T  Ț  E  L  A  M  I  N  A  I
S  N  W  R  Z  M  A  N  H  M  R  Â  U  J  C
Ă  I  S  U  N  R  R  U  Ă  I  Y  E  M  R  N
L  B  A  D  L  C  X  I  V  C  A  F  K  A  Â
B  L  N  Ă  P  G  X  Z  I  H  I  O  K  S  T
A  A  C  P  U  Z  F  O  M  X  V  N  I  T  S
T  N  T  L  M  P  R  R  C  V  M  I  Ș  Ț  Ț
I  O  U  Y  K  G  U  E  T  W  H  Q  T  A  O
C  T  A  R  V  F  N  I  N  E  S  M  O  A  P
U  M  R  B  H  W  Z  A  R  C  T  I  C  I  L
W  D  P  J  Z  I  E  T  R  O  P  I  C  A  L
F  R  U  M  U  S  E  Ț  E  K  Z  L  X  H  R
```

ANIMALE	FRUNZE
ARCTIC	PĂDURE
FRUMUSEȚE	GHEȚAR
ALBINE	PAȘNICĂ
STÂNCI	RÂU
NORI	SANCTUAR
DEȘERT	SENIN
DINAMIC	TROPICAL
EROZIUNE	VITAL
CEAȚĂ	SĂLBATIC

99 - Vacation #2

```
T  S  T  V  A  C  A  N  Ț  Ă  S  C  D  T  I
R  I  T  P  B  D  S  T  E  R  A  Ă  E  A  E
O  Q  M  R  T  K  L  R  R  F  W  L  S  X  T
P  T  Z  P  Ă  R  H  E  R  A  M  Ă  T  I  B
S  T  T  M  L  I  E  N  M  V  C  T  I  H  P
N  A  N  K  E  I  N  Z  Y  P  O  O  N  C  A
A  H  A  R  T  Ă  B  T  E  Z  A  R  A  O  Ș
R  N  R  W  O  G  N  E  K  R  Ț  I  Ț  R  A
T  L  U  B  H  N  S  T  R  M  V  E  I  T  P
M  N  A  T  Y  I  T  O  O  Q  P  Ă  E  Y  O
A  A  T  R  O  P  O  R  E  A  U  L  R  N  R
D  U  S  G  T  M  P  L  A  J  Ă  U  G  I  T
F  S  E  H  Ț  A  G  G  A  X  Z  S  E  Y  V
A  L  R  V  W  C  Q  Z  Z  E  I  N  H  P  F
B  Y  K  A  N  J  A  U  D  M  V  I  J  V  U
```

AEROPORT	HARTĂ
PLAJĂ	PAȘAPORT
CAMPING	REZERVĂRI
DESTINAȚIE	RESTAURANT
STRĂIN	MARE
VACANȚĂ	TAXI
HOTEL	CORT
INSULĂ	TREN
CĂLĂTORIE	TRANSPORT
TIMP LIBER	VIZĂ

100 - Electricity

```
O  B  I  E  C  T  E  L  R  K  Ț  W  P  C  P
M  N  M  E  I  R  E  T  A  B  Y  H  O  A  R
D  A  E  G  B  E  T  E  E  M  E  U  Z  N  I
E  T  G  I  R  S  E  L  Ț  N  P  C  I  T  Z
P  E  C  N  Z  A  L  E  E  E  P  Ă  T  I  Ă
O  L  J  T  E  L  E  C  R  G  M  F  I  T  F
Z  E  I  J  R  T  V  T  F  A  N  Y  V  A  P
I  F  Y  J  I  N  I  R  H  T  P  U  O  T  S
T  O  U  G  F  G  Z  I  A  I  Ț  D  C  E  G
A  N  M  U  X  Ț  I  C  Q  V  Z  V  Z  G  C
R  B  F  X  N  N  U  L  B  A  C  W  U  J  W
E  B  C  Y  I  F  N  Y  J  P  K  E  C  R  M
B  R  O  T  A  R  E  N  E  G  H  N  P  J  W
E  L  E  C  T  R  I  C  I  A  N  G  T  G  L
E  C  H  I  P  A  M  E  N  T  D  E  H  Ț  X
```

BATERIE	NEGATIV
BEC	REȚEA
CABLU	OBIECTE
ELECTRIC	POZITIV
ELECTRICIAN	CANTITATE
ECHIPAMENT	PRIZĂ
GENERATOR	DEPOZITARE
LAMPĂ	TELEFON
LASER	TELEVIZIUNE
MAGNET	FIRE

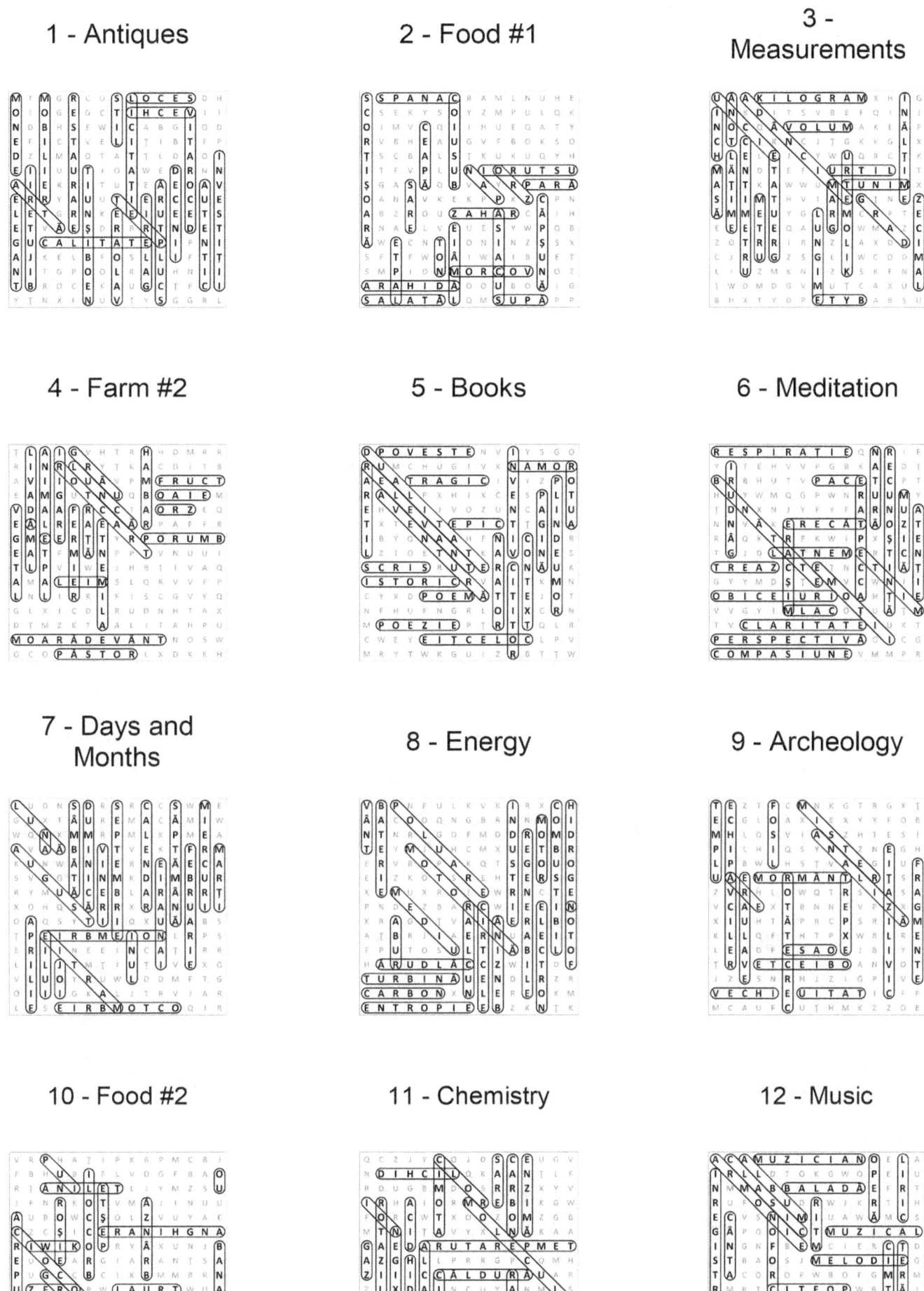

1 - Antiques

2 - Food #1

3 - Measurements

4 - Farm #2

5 - Books

6 - Meditation

7 - Days and Months

8 - Energy

9 - Archeology

10 - Food #2

11 - Chemistry

12 - Music

13 - Family

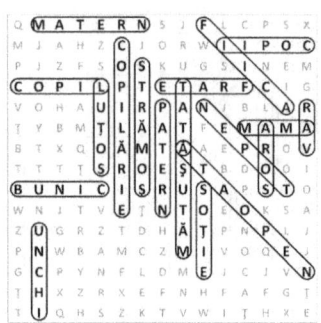

14 - Farm #1

15 - Camping

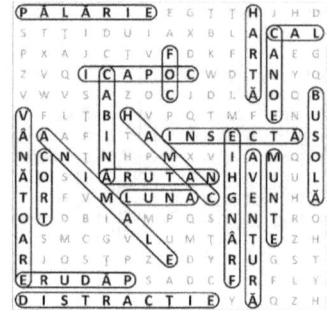

16 - Algebra

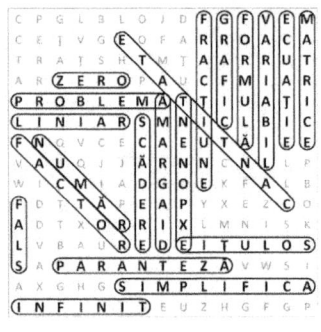

17 - Numbers

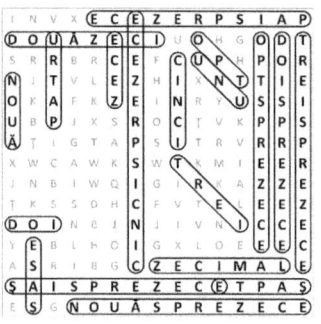

18 - Spices

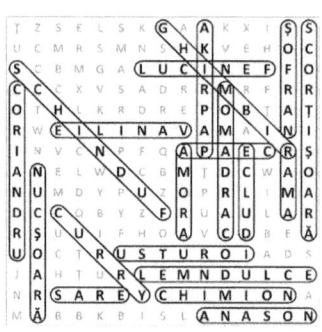

19 - Universe

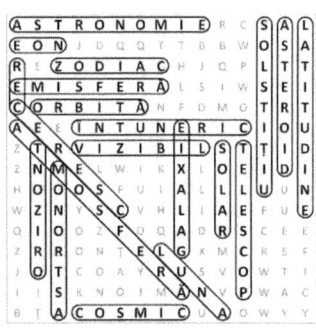

20 - Mammals

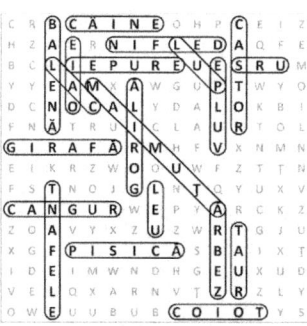

21 - Bees

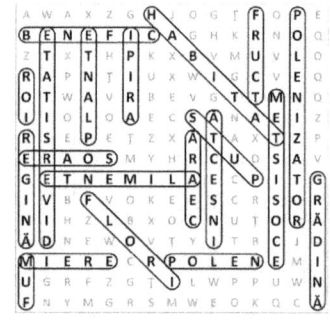

22 - Weather

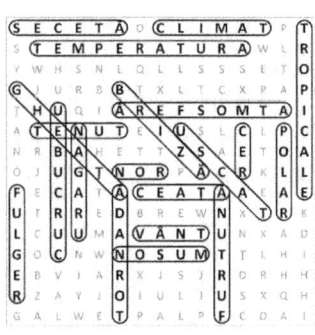

23 - Adventure

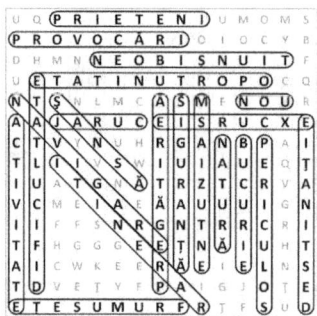

24 - Restaurant #2

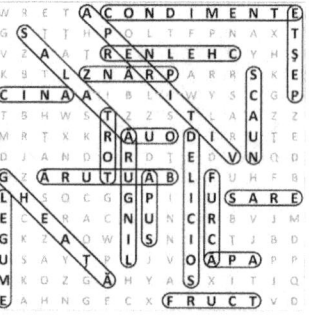

25 - Geology
26 - House
27 - Physics
28 - Shapes
29 - Scientific Disciplines
30 - Science
31 - Beauty
32 - Clothes
33 - Ethics
34 - Astronomy
35 - Health and Wellness #2
36 - Disease

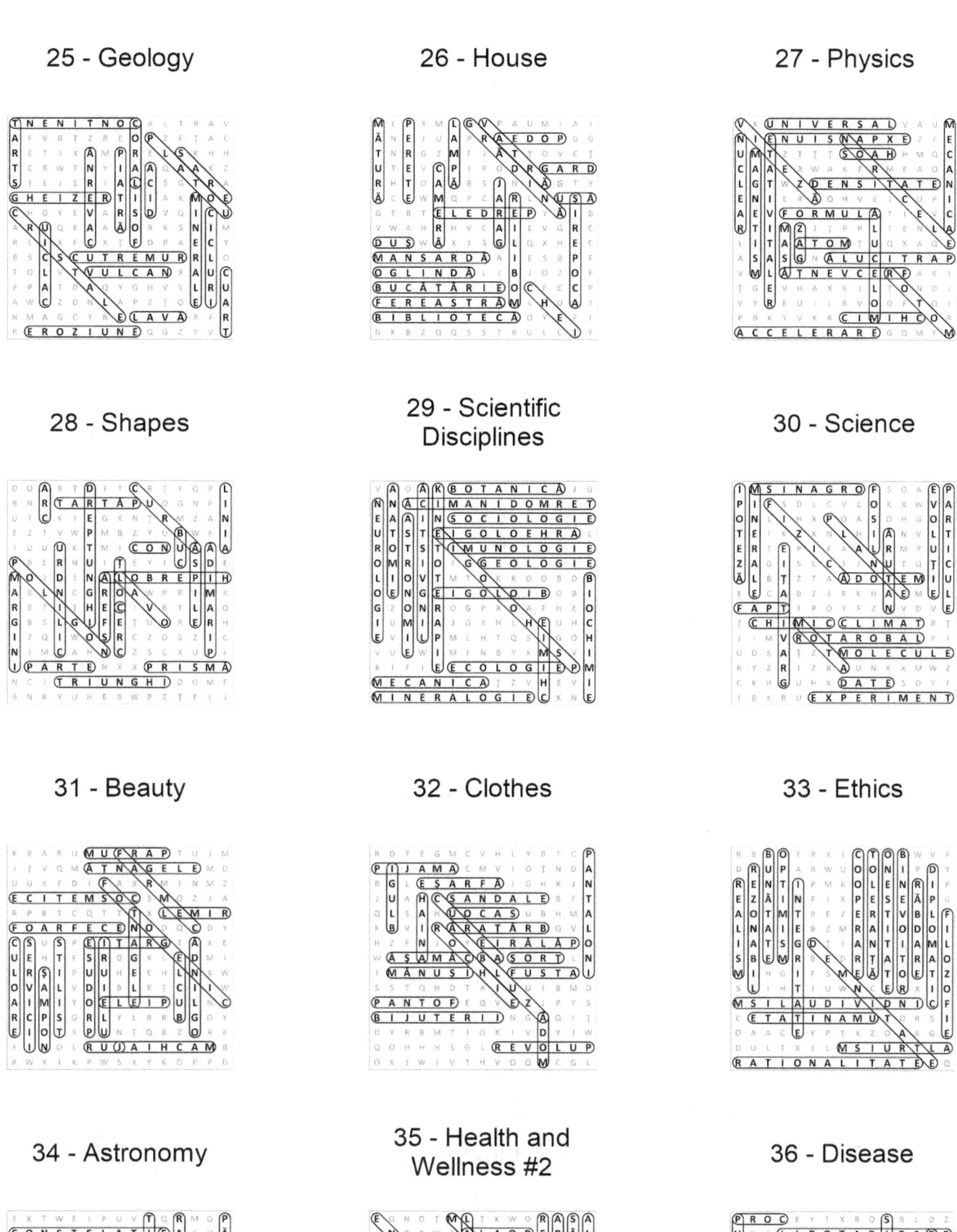

37 - Time

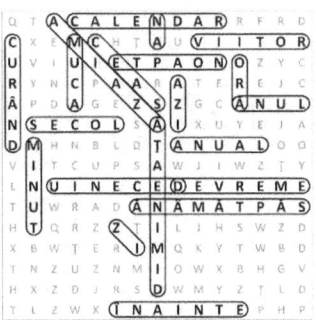

38 - Buildings

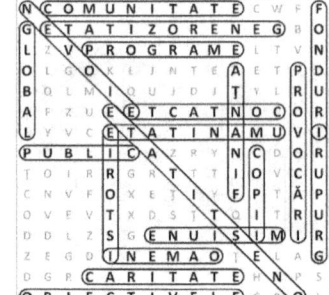

39 - Philanthropy

40 - Herbalism

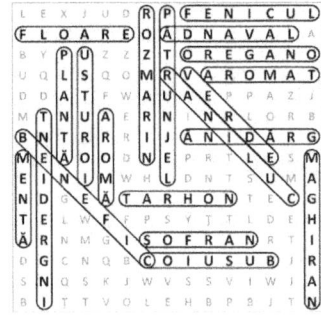

41 - Vehicles

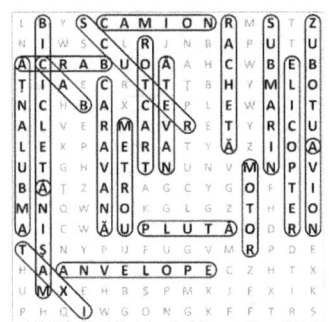

42 - Health and Wellness #1

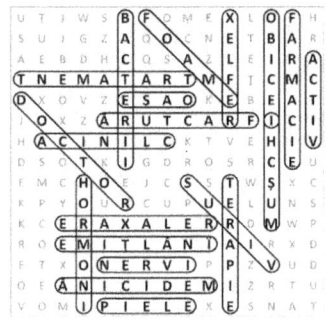

43 - Town

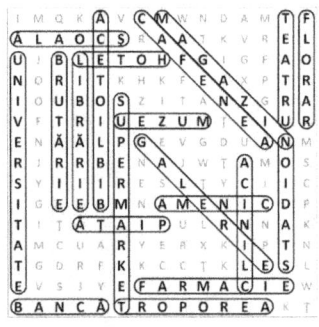

44 - Antarctica

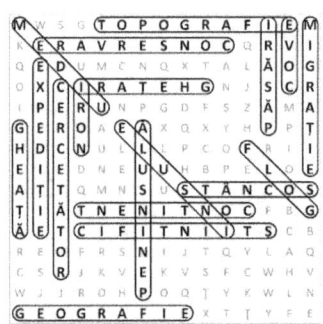

45 - Ballet

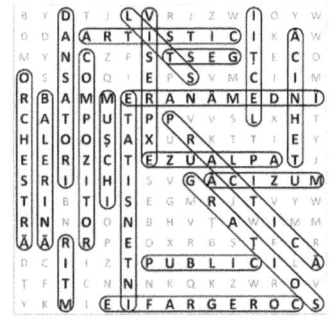

46 - Fashion

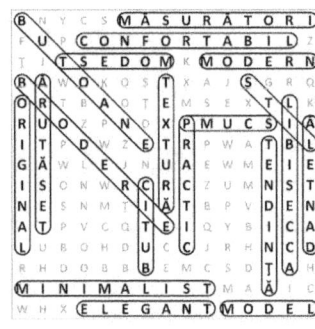

47 - Human Body

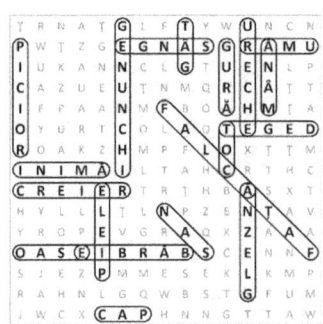

48 - Musical Instruments

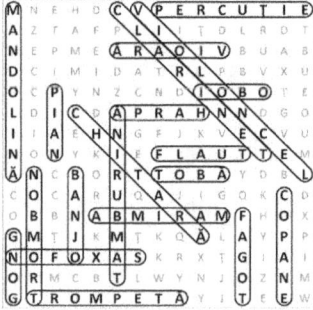

49 - Fruit

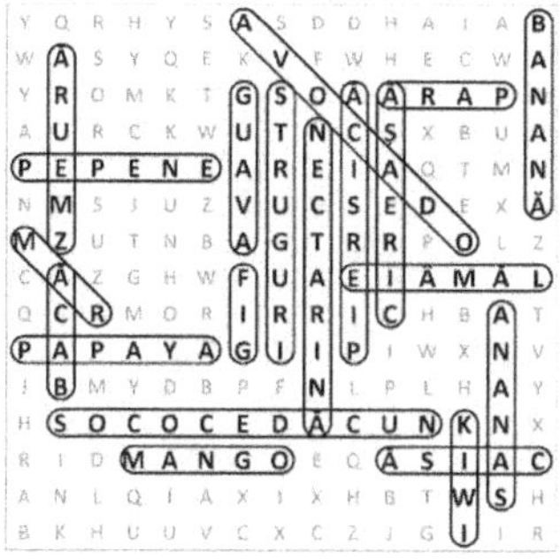

50 - Virtues #1

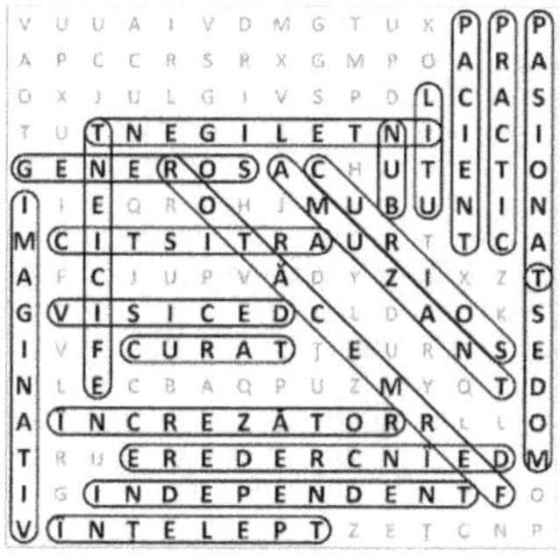

51 - Engineering

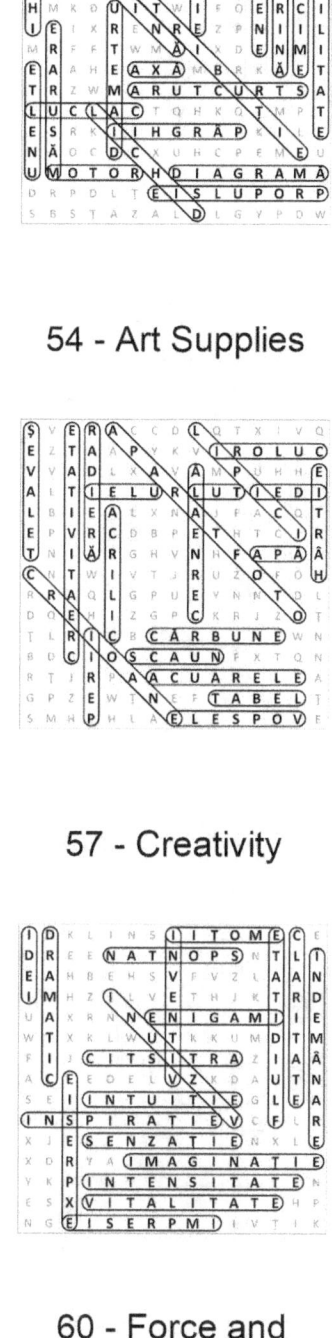

52 - Kitchen

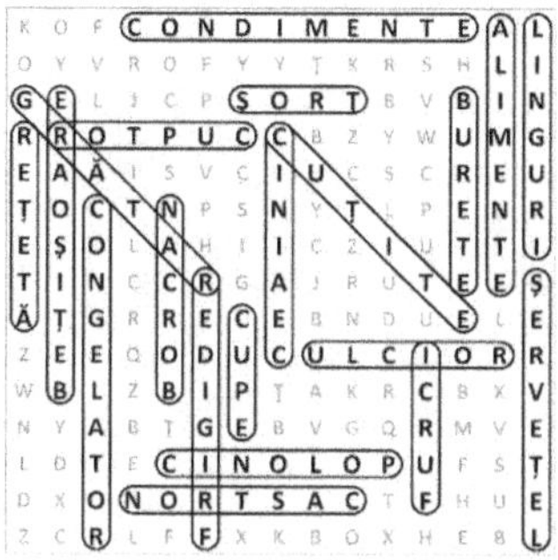

53 - Government

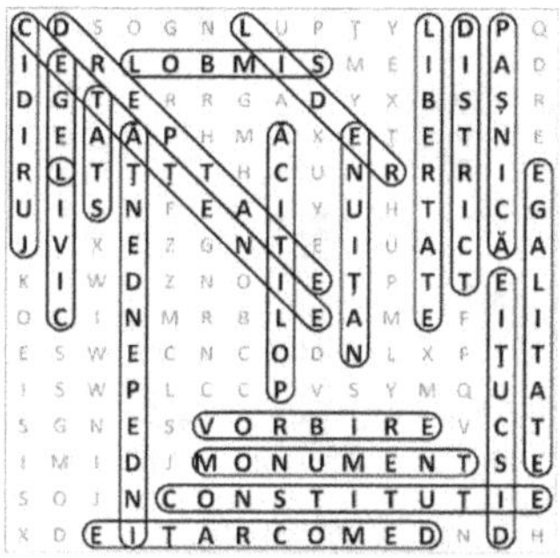

54 - Art Supplies

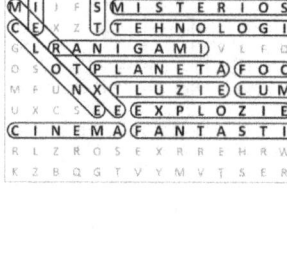

55 - Science Fiction

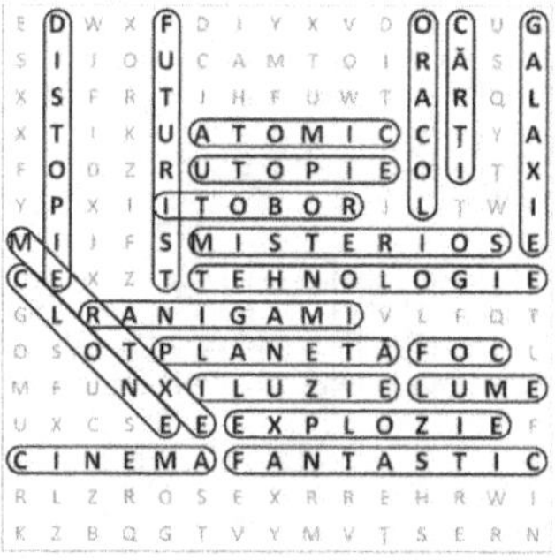

56 - Geometry

57 - Creativity

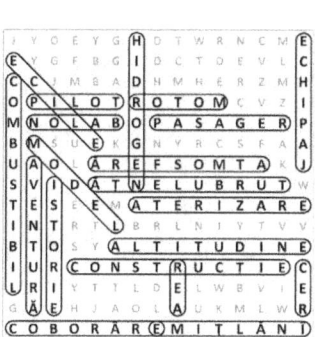
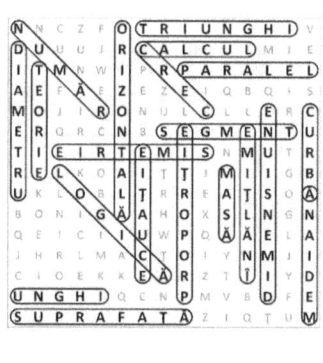

58 - Airplanes

59 - Ocean

60 - Force and Gravity

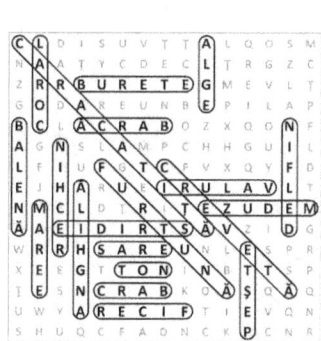
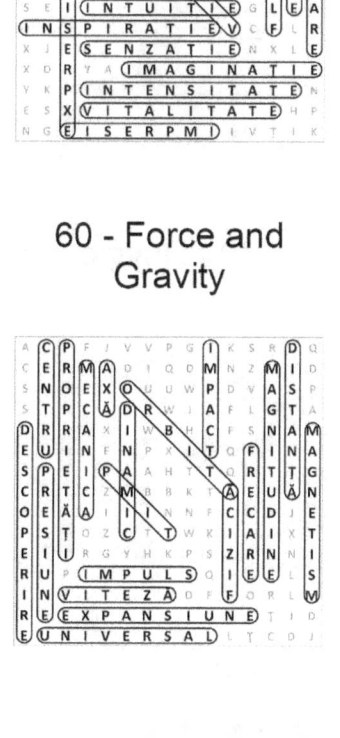

61 - Birds

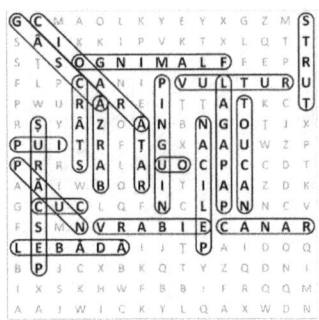

62 - Nutrition

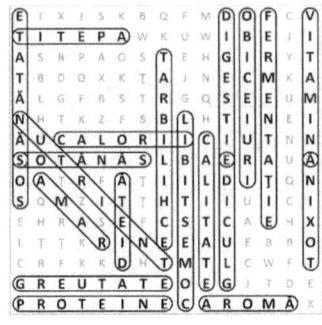

63 - Hiking

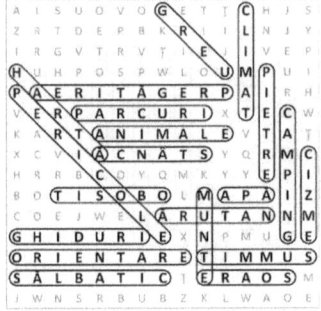

64 - Professions #1

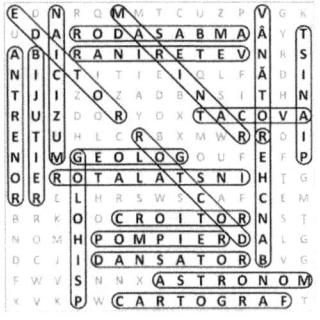

65 - Barbecues

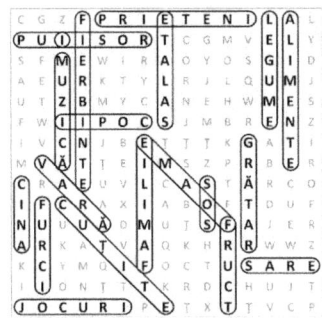

66 - Vegetables

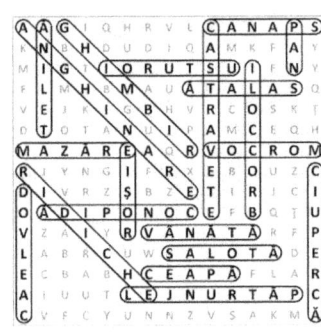

67 - The Media

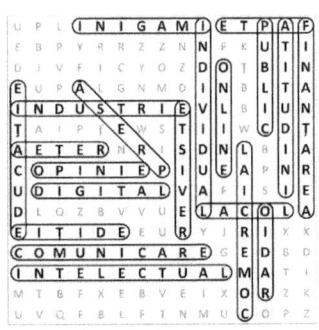

68 - Boats

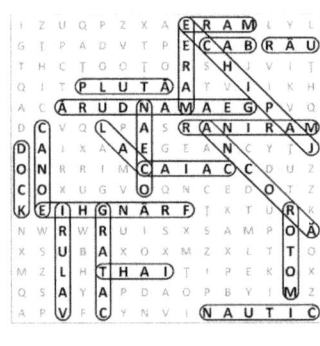

69 - Activities and Leisure

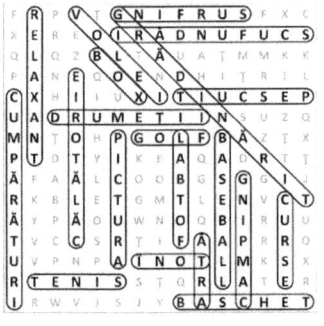

70 - Driving

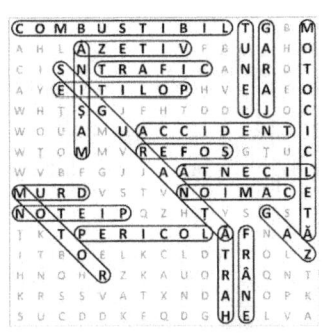

71 - Biology

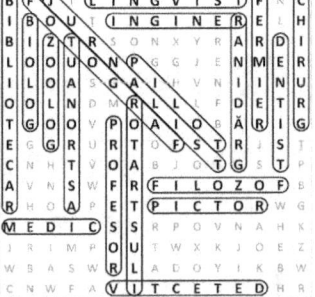

72 - Professions #2

73 - Emotions

74 - Mythology

75 - Agronomy

76 - Hair Types

77 - Garden

78 - Diplomacy

79 - Countries #1

80 - Adjectives #1

81 - Rainforest

82 - Global Warming

83 - Landscapes

84 - Visual Arts

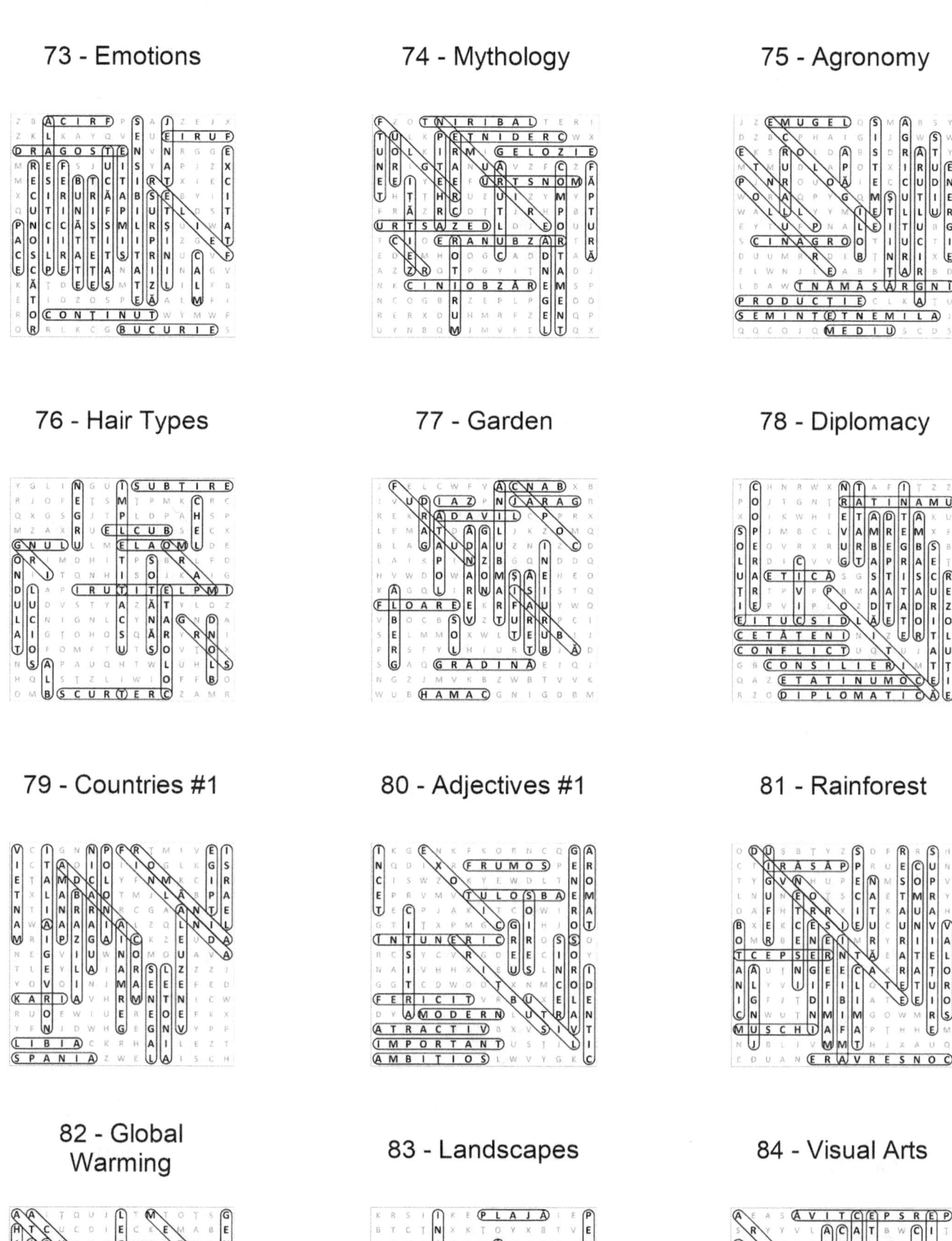

85 - Plants

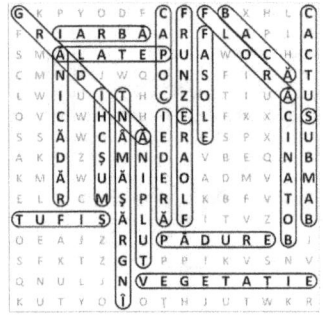

86 - Countries #2

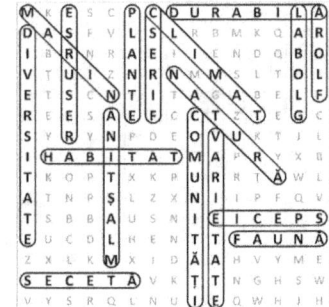

87 - Ecology

88 - Adjectives #2

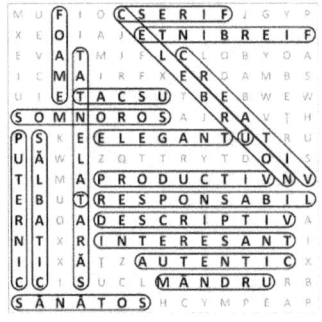

89 - Psychology

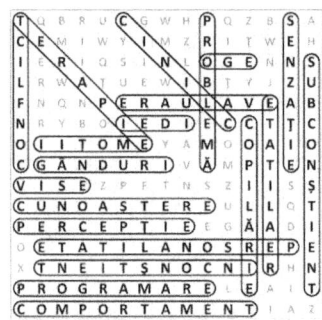

90 - Math

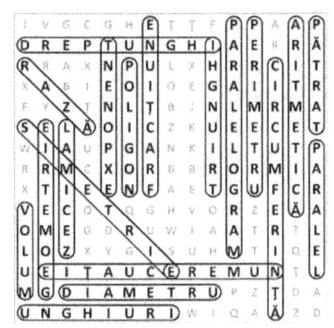

91 - Water

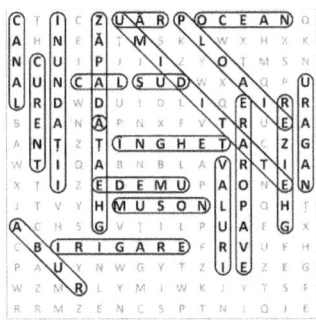

92 - Activities

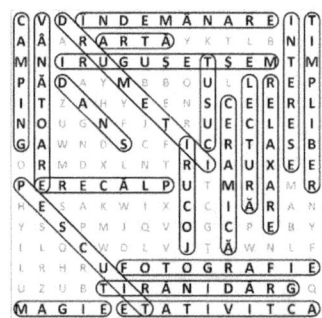

93 - Business

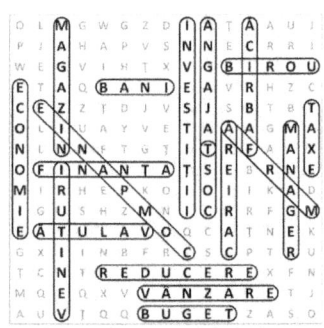

94 - The Company

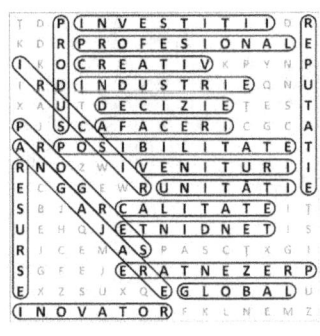

95 - Literature

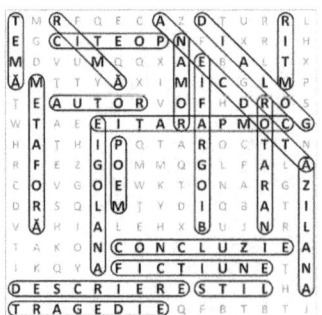

96 - Geography

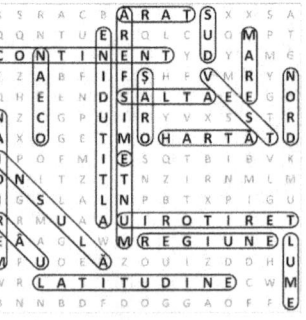

97 - Jazz

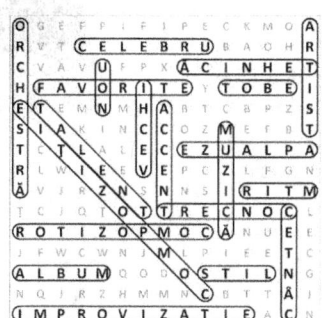

98 - Nature

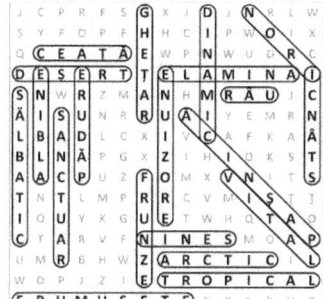

99 - Vacation #2

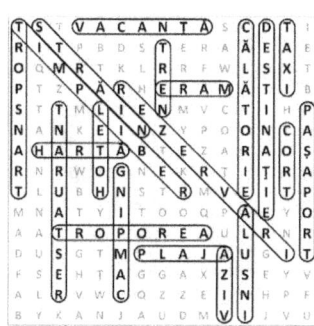

100 - Electricity

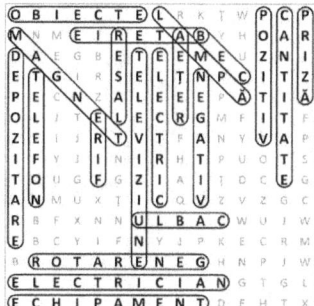

Dictionary

Activities
Activități

Activity	Activitate
Art	Artă
Camping	Camping
Ceramics	Ceramică
Crafts	Meșteșuguri
Dancing	Dans
Fishing	Pescuit
Games	Jocuri
Gardening	Grădinărit
Hiking	Drumeții
Hunting	Vânătoare
Interests	Interese
Leisure	Timp Liber
Magic	Magie
Photography	Fotografie
Pleasure	Plăcere
Reading	Lectură
Relaxation	Relaxare
Sewing	Cusut
Skill	Îndemânare

Activities and Leisure
Activități și Timp Liber

Art	Artă
Baseball	Baseball
Basketball	Baschet
Boxing	Box
Camping	Camping
Diving	Scufundări
Fishing	Pescuit
Gardening	Grădinărit
Golf	Golf
Hiking	Drumeții
Painting	Pictura
Racing	Curse
Relaxing	Relaxant
Shopping	Cumpărături
Soccer	Fotbal
Surfing	Surfing
Swimming	Înot
Tennis	Tenis
Travel	Călătorie
Volleyball	Volei

Adjectives #1
Adjective #1

Absolute	Absolut
Ambitious	Ambițios
Aromatic	Aromat
Artistic	Artistic
Attractive	Atractiv
Beautiful	Frumos
Dark	Întuneric
Exotic	Exotic
Generous	Generos
Happy	Fericit
Heavy	Greu
Helpful	Util
Honest	Sincer
Identical	Identic
Important	Important
Modern	Modern
Serious	Serios
Slow	Încet
Thin	Subțire
Valuable	Valoros

Adjectives #2
Adjective #2

Authentic	Autentic
Creative	Creativ
Descriptive	Descriptiv
Dry	Uscat
Elegant	Elegant
Famous	Celebru
Gifted	Talentat
Healthy	Sănătos
Hot	Fierbinte
Hungry	Foame
Interesting	Interesant
Natural	Firesc
New	Nou
Productive	Productiv
Proud	Mândru
Responsible	Responsabil
Salty	Sărat
Sleepy	Somnoros
Strong	Puternic
Wild	Sălbatic

Adventure
Aventuri

Activity	Activitate
Beauty	Frumusețe
Bravery	Curaj
Challenges	Provocări
Chance	Șansă
Dangerous	Periculos
Destination	Destinație
Difficulty	Dificultate
Enthusiasm	Entuziasm
Excursion	Excursie
Friends	Prieteni
Itinerary	Itinerar
Joy	Bucurie
Nature	Natură
Navigation	Navigare
New	Nou
Opportunity	Oportunitate
Preparation	Pregătirea
Safety	Siguranță
Unusual	Neobișnuit

Agronomy
Agronomie

Agriculture	Agricultură
Diseases	Boli
Ecology	Ecologie
Energy	Energie
Environment	Mediu
Erosion	Eroziune
Farming	Agricultura
Fertilizer	Îngrășământ
Food	Alimente
Organic	Organic
Plants	Plante
Pollution	Poluare
Production	Producție
Rural	Rural
Science	Știință
Seeds	Semințe
Study	Studiu
Systems	Sisteme
Vegetables	Legume
Water	Apă

Airplanes
Avioane

Adventure	Aventură
Air	Aer
Altitude	Altitudine
Atmosphere	Atmosferă
Balloon	Balon
Construction	Construcţie
Crew	Echipaj
Descent	Coborâre
Design	Model
Engine	Motor
Fuel	Combustibil
Height	Înălţime
History	Istorie
Hydrogen	Hidrogen
Landing	Aterizare
Passenger	Pasager
Pilot	Pilot
Propellers	Elice
Sky	Cer
Turbulence	Turbulenţă

Algebra
Algebră

Diagram	Diagramă
Equation	Ecuaţie
Exponent	Exponent
Factor	Factor
False	Fals
Formula	Formulă
Fraction	Fracţiune
Graph	Grafic
Infinite	Infinit
Linear	Liniar
Matrix	Matrice
Number	Număr
Parenthesis	Paranteză
Problem	Problemă
Quantity	Cantitate
Simplify	Simplifica
Solution	Soluţie
Subtraction	Scădere
Variable	Variabil
Zero	Zero

Antarctica
Antarctica

Bay	Golf
Birds	Păsări
Clouds	Nori
Conservation	Conservare
Continent	Continent
Cove	Cove
Environment	Mediu
Expedition	Expediţie
Geography	Geografie
Glaciers	Gheţari
Ice	Gheaţă
Islands	Insule
Migration	Migraţie
Peninsula	Peninsulă
Researcher	Cercetător
Rocky	Stâncos
Scientific	Ştiinţific
Temperature	Temperatura
Topography	Topografie
Water	Apă

Antiques
Antichităţi

Art	Artă
Auction	Licitaţie
Authentic	Autentic
Century	Secol
Coins	Monede
Decades	Decenii
Decorative	Decorativ
Elegant	Elegant
Furniture	Mobilier
Gallery	Galerie
Investment	Investiţii
Jewelry	Bijuterii
Old	Vechi
Price	Preţ
Quality	Calitate
Restoration	Restaurare
Sculpture	Sculptură
Style	Stil
Unusual	Neobişnuit
Value	Valoare

Archeology
Arheologie

Analysis	Analiză
Ancient	Vechi
Antiquity	Antichitate
Bones	Oase
Civilization	Civilizaţie
Descendant	Descendent
Era	Eră
Evaluation	Evaluare
Expert	Expert
Forgotten	Uitat
Fossil	Fosil
Fragments	Fragmente
Mystery	Mister
Objects	Obiecte
Relic	Relicvă
Researcher	Cercetător
Team	Echipă
Temple	Templu
Tomb	Mormânt
Unknown	Necunoscut

Art Supplies
Materiale de Artă

Acrylic	Acrilic
Brushes	Perii
Camera	Aparat Foto
Chair	Scaun
Charcoal	Cărbune
Clay	Lut
Colors	Culori
Creativity	Creativitate
Easel	Şevalet
Eraser	Radieră
Glue	Lipici
Ideas	Idei
Ink	Cerneală
Oil	Ulei
Paints	Vopsele
Paper	Hârtie
Pencils	Creioane
Table	Tabel
Water	Apă
Watercolors	Acuarele

Astronomy
Astronomie

Asteroid	Asteroid
Astronaut	Astronaut
Astronomer	Astronom
Constellation	Constelaţie
Cosmos	Cosmos
Earth	Pământ
Eclipse	Eclipsă
Equinox	Echinocţiu
Galaxy	Galaxie
Meteor	Meteor
Moon	Luna
Nebula	Nebuloasă
Observatory	Observator
Planet	Planetă
Radiation	Radiaţie
Rocket	Rachetă
Satellite	Satelit
Sky	Cer
Supernova	Supernovă
Zodiac	Zodiac

Ballet
Balet

Applause	Aplauze
Artistic	Artistic
Audience	Public
Ballerina	Balerină
Choreography	Coregrafie
Composer	Compozitor
Dancers	Dansatori
Expressive	Expresiv
Gesture	Gest
Graceful	Graţios
Intensity	Intensitate
Lessons	Lecţii
Muscles	Muşchi
Music	Muzică
Orchestra	Orchestră
Practice	Practică
Rhythm	Ritm
Skill	Îndemânare
Style	Stil
Technique	Tehnică

Barbecues
Grătare

Chicken	Pui
Children	Copii
Dinner	Cina
Family	Familie
Food	Alimente
Forks	Furci
Friends	Prieteni
Fruit	Fruct
Games	Jocuri
Grill	Grătar
Hot	Fierbinte
Hunger	Foame
Knives	Cuţite
Music	Muzică
Salads	Salate
Salt	Sare
Sauce	Sos
Summer	Vară
Tomatoes	Rosii
Vegetables	Legume

Beauty
Frumuseţe

Charm	Farmec
Color	Culoare
Cosmetics	Cosmetice
Curls	Bucle
Elegance	Eleganţă
Elegant	Elegant
Fragrance	Parfum
Grace	Graţie
Lipstick	Ruj
Makeup	Machiaj
Mascara	Rimel
Mirror	Oglindă
Oils	Uleiuri
Photogenic	Fotogenic
Products	Produse
Scissors	Foarfece
Services	Servicii
Shampoo	Şampon
Skin	Piele
Stylist	Stilist

Bees
Albinele

Beneficial	Benefic
Diversity	Diversitate
Ecosystem	Ecosistem
Flowers	Flori
Food	Alimente
Fruit	Fruct
Garden	Grădină
Habitat	Habitat
Hive	Stup
Honey	Miere
Insect	Insectă
Plants	Plante
Pollen	Polen
Pollinator	Polenizator
Queen	Regină
Smoke	Fum
Sun	Soare
Swarm	Roi
Wax	Ceară
Wings	Aripi

Biology
Biologie

Anatomy	Anatomie
Bacteria	Bacterii
Cell	Celulă
Chromosome	Cromozom
Collagen	Colagen
Embryo	Embrion
Enzyme	Enzimă
Evolution	Evoluţie
Hormone	Hormon
Mammal	Mamifer
Mutation	Mutaţie
Natural	Firesc
Nerve	Nerv
Neuron	Neuron
Osmosis	Osmoză
Photosynthesis	Fotosinteză
Protein	Proteină
Reptile	Reptilă
Symbiosis	Simbioză
Synapse	Sinapsă

Birds
Păsări

Canary	Canar		
Chicken	Pui		
Crow	Cioară		
Cuckoo	Cuc		
Duck	Rață		
Eagle	Vultur		
Egg	Ou		
Flamingo	Flamingo		
Goose	Gâscă		
Gull	Pescăruș		
Heron	Stârc		
Ostrich	Struț		
Parrot	Papagal		
Peacock	Păun		
Pelican	Pelican		
Penguin	Pinguin		
Sparrow	Vrabie		
Stork	Barză		
Swan	Lebădă		
Toucan	Toucan		

Boats
Barci

Anchor	Ancoră
Buoy	Geamandură
Canoe	Canoe
Crew	Echipaj
Dock	Dock
Engine	Motor
Ferry	Bac
Kayak	Caiac
Lake	Lac
Mast	Catarg
Nautical	Nautic
Ocean	Ocean
Raft	Plută
River	Râu
Rope	Frânghie
Sailor	Marinar
Sea	Mare
Tide	Maree
Waves	Valuri
Yacht	Iaht

Books
Cărți

Adventure	Aventură
Author	Autor
Collection	Colecție
Context	Context
Duality	Dualitate
Epic	Epic
Historical	Istoric
Humorous	Plin de Umor
Inventive	Inventiv
Literary	Literar
Narrator	Narator
Novel	Roman
Page	Pagină
Poem	Poem
Poetry	Poezie
Reader	Cititor
Relevant	Relevant
Story	Poveste
Tragic	Tragic
Written	Scris

Buildings
Constructii

Apartment	Apartament
Barn	Hambar
Cabin	Cabină
Castle	Castel
Cinema	Cinema
Embassy	Ambasadă
Factory	Fabrică
Hospital	Spital
Hostel	Pensiune
Hotel	Hotel
Laboratory	Laborator
Museum	Muzeu
Observatory	Observator
School	Școală
Stadium	Stadion
Supermarket	Supermarket
Tent	Cort
Theater	Teatru
Tower	Turn
University	Universitate

Business
Afaceri

Budget	Buget
Career	Carieră
Company	Companie
Cost	Cost
Currency	Valută
Discount	Reducere
Economics	Economie
Employee	Angajat
Employer	Angajator
Factory	Fabrică
Finance	Finanța
Income	Venituri
Investment	Investiții
Manager	Manager
Merchandise	Marfă
Money	Bani
Office	Birou
Sale	Vânzare
Shop	Magazin
Taxes	Taxe

Camping
Camping

Adventure	Aventură
Animals	Animale
Cabin	Cabină
Canoe	Canoe
Compass	Busolă
Fire	Foc
Forest	Pădure
Fun	Distracție
Hammock	Hamac
Hat	Pălărie
Hunting	Vânătoare
Insect	Insectă
Lake	Lac
Map	Hartă
Moon	Luna
Mountain	Munte
Nature	Natură
Rope	Frânghie
Tent	Cort
Trees	Copaci

Chemistry
Chimie

Acid	Acid
Alkaline	Alcalin
Atomic	Atomic
Carbon	Carbon
Catalyst	Catalizator
Chlorine	Clor
Electron	Electron
Enzyme	Enzimă
Gas	Gaz
Heat	Căldură
Hydrogen	Hidrogen
Ion	Ion
Liquid	Lichid
Molecule	Moleculă
Nuclear	Nuclear
Organic	Organic
Oxygen	Oxigen
Salt	Sare
Temperature	Temperatura
Weight	Greutate

Clothes
Haine

Apron	Şorţ
Belt	Curea
Blouse	Bluză
Bracelet	Brăţară
Coat	Haina
Dress	Rochie
Fashion	Modă
Gloves	Mănuşi
Hat	Pălărie
Jacket	Sacou
Jeans	Blugi
Jewelry	Bijuterii
Pajamas	Pijama
Pants	Pantaloni
Sandals	Sandale
Scarf	Eşarfă
Shirt	Cămaşă
Shoe	Pantof
Skirt	Fusta
Sweater	Pulover

Countries #1
Ţările #1

Brazil	Brazilia
Canada	Canada
Egypt	Egipt
Finland	Finlanda
Germany	Germania
Iraq	Irak
Israel	Israel
Italy	Italia
Latvia	Letonia
Libya	Libia
Morocco	Maroc
Nicaragua	Nicaragua
Norway	Norvegia
Panama	Panama
Poland	Polonia
Romania	România
Senegal	Senegal
Spain	Spania
Venezuela	Venezuela
Vietnam	Vietnam

Countries #2
Ţările #2

Albania	Albania
Denmark	Danemarca
Ethiopia	Etiopia
Greece	Grecia
Haiti	Haiti
Jamaica	Jamaica
Japan	Japonia
Laos	Laos
Lebanon	Liban
Liberia	Liberia
Mexico	Mexic
Nepal	Nepal
Nigeria	Nigeria
Pakistan	Pakistan
Russia	Rusia
Somalia	Somalia
Sudan	Sudan
Syria	Siria
Uganda	Uganda
Ukraine	Ucraina

Creativity
Creativitate

Artistic	Artistic
Authenticity	Autenticitate
Clarity	Claritate
Dramatic	Dramatic
Emotions	Emoţii
Expression	Expresie
Fluidity	Fluiditate
Ideas	Idei
Image	Imagine
Imagination	Imaginaţie
Impression	Impresie
Inspiration	Inspiraţie
Intensity	Intensitate
Intuition	Intuiţie
Inventive	Inventiv
Sensation	Senzaţie
Skill	Îndemânare
Spontaneous	Spontan
Visions	Viziuni
Vitality	Vitalitate

Days and Months
Zile şi Lunile

April	Aprilie
August	August
Calendar	Calendar
February	Februarie
Friday	Vineri
January	Ianuarie
July	Iulie
March	Martie
Monday	Luni
Month	Lună
November	Noiembrie
October	Octombrie
Saturday	Sâmbătă
September	Septembrie
Sunday	Duminică
Thursday	Joi
Tuesday	Marţi
Wednesday	Miercuri
Week	Săptămână
Year	An

Diplomacy
Diplomație

Adviser	Consilier
Ambassador	Ambasador
Citizens	Cetățeni
Civic	Civic
Community	Comunitate
Conflict	Conflict
Cooperation	Cooperare
Diplomatic	Diplomatic
Discussion	Discuție
Embassy	Ambasadă
Ethics	Etică
Government	Guvern
Humanitarian	Umanitar
Integrity	Integritate
Justice	Dreptate
Politics	Politică
Resolution	Rezoluție
Security	Securitate
Solution	Soluție
Treaty	Tratat

Disease
Boală

Abdominal	Abdominal
Allergies	Alergii
Bacterial	Bacterian
Body	Corp
Bones	Oase
Chronic	Cronic
Contagious	Contagios
Genetic	Genetic
Health	Sănătate
Heart	Inimă
Hereditary	Ereditar
Immunity	Imunitate
Inflammation	Iritare
Lumbar	Lombar
Neuropathy	Neuropatie
Pulmonary	Pulmonar
Respiratory	Respiratorii
Syndrome	Sindrom
Therapy	Terapie
Weak	Slab

Driving
Conducere

Accident	Accident
Brakes	Frâne
Car	Mașină
Danger	Pericol
Driver	Șofer
Fuel	Combustibil
Garage	Garaj
Gas	Gaz
License	Licență
Map	Hartă
Motor	Motor
Motorcycle	Motocicletă
Pedestrian	Pieton
Police	Poliție
Road	Drum
Safety	Siguranță
Speed	Viteză
Traffic	Trafic
Truck	Camion
Tunnel	Tunel

Ecology
Ecologie

Climate	Climat
Communities	Comunități
Diversity	Diversitate
Drought	Secetă
Fauna	Faună
Flora	Floră
Global	Global
Habitat	Habitat
Marine	Marin
Marsh	Mlaștină
Natural	Firesc
Nature	Natură
Plants	Plante
Resources	Resurse
Species	Specie
Survival	Supraviețuire
Sustainable	Durabilă
Variety	Varietate
Vegetation	Vegetație
Volunteers	Voluntari

Electricity
Electricitate

Battery	Baterie
Bulb	Bec
Cable	Cablu
Electric	Electric
Electrician	Electrician
Equipment	Echipament
Generator	Generator
Lamp	Lampă
Laser	Laser
Magnet	Magnet
Negative	Negativ
Network	Rețea
Objects	Obiecte
Positive	Pozitiv
Quantity	Cantitate
Socket	Priză
Storage	Depozitare
Telephone	Telefon
Television	Televiziune
Wires	Fire

Emotions
Emoții

Anger	Furie
Bliss	Fericire
Boredom	Plictiseală
Calm	Calm
Content	Conținut
Embarrassed	Jenat
Excited	Excitat
Fear	Frică
Grateful	Recunoscător
Joy	Bucurie
Kindness	Bunătate
Love	Dragoste
Peace	Pace
Relief	Relief
Sadness	Tristețe
Satisfied	Satisfăcut
Surprise	Surpriză
Sympathy	Simpatie
Tenderness	Sensibilitate
Tranquility	Liniște

Energy
Energie

Battery	Baterie
Carbon	Carbon
Diesel	Motorină
Electric	Electric
Electron	Electron
Entropy	Entropie
Environment	Mediu
Fuel	Combustibil
Gasoline	Benzină
Heat	Căldură
Hydrogen	Hidrogen
Industry	Industrie
Motor	Motor
Nuclear	Nuclear
Photon	Foton
Pollution	Poluare
Renewable	Regenerabile
Steam	Abur
Turbine	Turbină
Wind	Vânt

Engineering
Inginerie

Angle	Unghi
Axis	Axă
Calculation	Calcul
Construction	Construcție
Depth	Adâncime
Diagram	Diagramă
Diameter	Diametru
Diesel	Motorină
Distribution	Distribuție
Energy	Energie
Gears	Unelte
Levers	Pârghii
Liquid	Lichid
Machine	Mașină
Measurement	Măsurare
Motor	Motor
Propulsion	Propulsie
Stability	Stabilitate
Strength	Tărie
Structure	Structura

Ethics
Etica

Altruism	Altruism
Benevolent	Binevoitor
Compassion	Compasiune
Cooperation	Cooperare
Dignity	Demnitate
Diplomatic	Diplomatic
Honesty	Onestitate
Humanity	Umanitate
Individualism	Individualism
Integrity	Integritate
Kindness	Bunătate
Optimism	Optimism
Patience	Răbdare
Philosophy	Filozofie
Rationality	Raționalitate
Realism	Realism
Reasonable	Rezonabil
Respectful	Respectuos
Tolerance	Toleranță
Wisdom	Înțelepciune

Family
Familie

Ancestor	Strămoș
Aunt	Mătușă
Brother	Frate
Child	Copil
Childhood	Copilărie
Children	Copii
Cousin	Văr
Daughter	Fiica
Father	Tată
Grandfather	Bunic
Grandson	Nepot
Husband	Soțul
Maternal	Matern
Mother	Mamă
Nephew	Nepot
Niece	Nepoată
Paternal	Patern
Sister	Sora
Uncle	Unchi
Wife	Soție

Farm #1
Ferma # 1

Agriculture	Agricultură
Bee	Albină
Bison	Bizon
Calf	Vițel
Cat	Pisică
Chicken	Pui
Cow	Vacă
Crow	Cioară
Dog	Câine
Donkey	Măgar
Fence	Gard
Fertilizer	Îngrășământ
Field	Câmp
Goat	Capră
Hay	Fân
Honey	Miere
Horse	Cal
Rice	Orez
Seeds	Semințe
Water	Apă

Farm #2
Ferma # 2

Animals	Animale
Barley	Orz
Barn	Hambar
Corn	Porumb
Duck	Rață
Farmer	Fermier
Food	Alimente
Fruit	Fruct
Irrigation	Irigare
Lamb	Miel
Llama	Lamă
Meadow	Luncă
Milk	Lapte
Orchard	Livadă
Sheep	Oaie
Shepherd	Păstor
Tractor	Tractor
Vegetable	Vegetal
Wheat	Grâu
Windmill	Moară de Vânt

Fashion
Modă

Affordable	Accesibil
Boutique	Butic
Buttons	Butoane
Clothing	Îmbrăcăminte
Comfortable	Confortabil
Elegant	Elegant
Embroidery	Broderie
Expensive	Scump
Fabric	Țesătură
Lace	Dantelă
Measurements	Măsurători
Minimalist	Minimalist
Modern	Modern
Modest	Modest
Original	Original
Pattern	Model
Practical	Practic
Style	Stil
Texture	Textură
Trend	Tendință

Food #1
Alimente #1

Apricot	Caisă
Barley	Orz
Basil	Busuioc
Carrot	Morcov
Cinnamon	Scorțișoară
Garlic	Usturoi
Juice	Suc
Lemon	Lămâie
Milk	Lapte
Onion	Ceapă
Peanut	Arahidă
Pear	Pară
Salad	Salată
Salt	Sare
Soup	Supă
Spinach	Spanac
Strawberry	Căpșună
Sugar	Zahăr
Tuna	Ton
Turnip	Nap

Food #2
Alimente #2

Apple	Măr
Artichoke	Anghinare
Banana	Banană
Broccoli	Broccoli
Celery	Țelină
Cheese	Brânză
Cherry	Cireașă
Chicken	Pui
Chocolate	Ciocolată
Egg	Ou
Eggplant	Vânătă
Fish	Pește
Grape	Struguri
Ham	Șuncă
Kiwi	Kiwi
Mushroom	Ciupercă
Rice	Orez
Tomato	Roșie
Wheat	Grâu
Yogurt	Iaurt

Force and Gravity
Forța și Gravitatea

Axis	Axă
Center	Centru
Discovery	Descoperire
Distance	Distanță
Dynamic	Dinamic
Expansion	Expansiune
Friction	Frecare
Impact	Impact
Magnetism	Magnetism
Magnitude	Magnitudine
Mechanics	Mecanica
Momentum	Impuls
Orbit	Orbită
Physics	Fizică
Pressure	Presiune
Properties	Proprietăți
Speed	Viteză
Time	Timp
Universal	Universal
Weight	Greutate

Fruit
Fructe

Apple	Măr
Apricot	Caisă
Avocado	Avocado
Banana	Banană
Berry	Bacă
Cherry	Cireașă
Coconut	Nucă de Cocos
Fig	Fig
Grape	Struguri
Guava	Guava
Kiwi	Kiwi
Lemon	Lămâie
Mango	Mango
Melon	Pepene
Nectarine	Nectarină
Papaya	Papaya
Peach	Piersică
Pear	Pară
Pineapple	Ananas
Raspberry	Zmeură

Garden
Grădină

Bench	Bancă
Bush	Tufiș
Fence	Gard
Flower	Floare
Garage	Garaj
Garden	Grădină
Grass	Iarbă
Hammock	Hamac
Hose	Furtun
Lawn	Gazon
Orchard	Livadă
Pond	Iaz
Porch	Verandă
Rake	Greblă
Shovel	Lopată
Soil	Sol
Terrace	Terasă
Trampoline	Trambulină
Tree	Copac
Weeds	Buruieni

Geography
Geografie

Altitude	Altitudine
Atlas	Atlas
City	Oraș
Continent	Continent
Country	Țară
Hemisphere	Emisferă
Island	Insulă
Latitude	Latitudine
Map	Hartă
Meridian	Meridian
Mountain	Munte
North	Nord
Ocean	Ocean
Region	Regiune
River	Râu
Sea	Mare
South	Sud
Territory	Teritoriu
West	Vest
World	Lume

Geology
Geologie

Acid	Acid
Calcium	Calciu
Cavern	Cavernă
Continent	Continent
Coral	Coral
Crystals	Cristale
Cycles	Cicluri
Earthquake	Cutremur
Erosion	Eroziune
Fossil	Fosil
Geyser	Gheizer
Lava	Lavă
Layer	Strat
Minerals	Minerale
Plateau	Platou
Quartz	Cuarț
Salt	Sare
Stalactite	Stalactit
Stone	Piatră
Volcano	Vulcan

Geometry
Geometrie

Angle	Unghi
Calculation	Calcul
Circle	Cerc
Curve	Curbă
Diameter	Diametru
Dimension	Dimensiune
Equation	Ecuație
Height	Înălțime
Horizontal	Orizontală
Logic	Logică
Mass	Masă
Median	Mediană
Number	Număr
Parallel	Paralel
Proportion	Proporție
Segment	Segment
Surface	Suprafață
Symmetry	Simetrie
Theory	Teorie
Triangle	Triunghi

Global Warming
Încălzirea Globală

Arctic	Arctic
Attention	Atenție
Climate	Climat
Crisis	Criză
Data	Date
Development	Dezvoltare
Energy	Energie
Environmental	Mediu
Future	Viitor
Gas	Gaz
Generations	Generații
Government	Guvern
Habitats	Habitate
Industry	Industrie
International	Internațional
Legislation	Legislație
Now	Acum
Populations	Populații
Scientist	Om de Știință
Temperatures	Temperaturi

Government
Guvern

Citizenship	Cetățenie
Civil	Civil
Constitution	Constituție
Democracy	Democrație
Discussion	Discuție
District	District
Equality	Egalitate
Independence	Independență
Judicial	Juridic
Justice	Dreptate
Law	Lege
Leader	Lider
Liberty	Libertate
Monument	Monument
Nation	Națiune
Peaceful	Pașnică
Politics	Politică
Speech	Vorbire
State	Stat
Symbol	Simbol

Hair Types
Tipuri de Par

Bald	Chel
Black	Negru
Blond	Blond
Braided	Împletit
Braids	Împletituri
Brown	Maro
Colored	Colorate
Curls	Bucle
Curly	Cret
Dry	Uscat
Gray	Gri
Healthy	Sănătos
Long	Lung
Shiny	Lucios
Short	Scurt
Soft	Moale
Thick	Gros
Thin	Subțire
Wavy	Ondulat
White	Alb

Health and Wellness #1
Sănătate și Bunăstare #1

Active	Activ
Bacteria	Bacterii
Bones	Oase
Clinic	Clinica
Doctor	Doctor
Fracture	Fractură
Habit	Obicei
Height	Înălțime
Hormones	Hormoni
Hunger	Foame
Medicine	Medicină
Muscles	Mușchi
Nerves	Nervi
Pharmacy	Farmacie
Reflex	Reflex
Relaxation	Relaxare
Skin	Piele
Therapy	Terapie
Treatment	Tratament
Virus	Virus

Health and Wellness #2
Sănătate și Bunăstare #2

Allergy	Alergie
Anatomy	Anatomie
Appetite	Apetit
Blood	Sânge
Calorie	Calorii
Dehydration	Deshidratare
Diet	Dietă
Disease	Boala
Energy	Energie
Genetics	Genetică
Healthy	Sănătos
Hospital	Spital
Hygiene	Igienă
Infection	Infecție
Massage	Masaj
Nutrition	Nutriție
Recovery	Recuperare
Stress	Stres
Vitamin	Vitamină
Weight	Greutate

Herbalism
Plante Medicinale

Aromatic	Aromat
Basil	Busuioc
Beneficial	Benefic
Culinary	Culinar
Fennel	Fenicul
Flavor	Aromă
Flower	Floare
Garden	Grădină
Garlic	Usturoi
Green	Verde
Ingredient	Ingredient
Lavender	Lavandă
Marjoram	Maghiran
Mint	Mentă
Oregano	Oregano
Parsley	Pătrunjel
Plant	Plantă
Rosemary	Rozmarin
Saffron	Șofran
Tarragon	Tarhon

Hiking
Drumeții

Animals	Animale
Boots	Cizme
Camping	Camping
Cliff	Stâncă
Climate	Climat
Guides	Ghiduri
Hazards	Pericole
Heavy	Greu
Map	Hartă
Mountain	Munte
Nature	Natură
Orientation	Orientare
Parks	Parcuri
Preparation	Pregătirea
Stones	Pietre
Summit	Summit
Sun	Soare
Tired	Obosit
Water	Apă
Wild	Sălbatic

House
Casa

Attic	Mansardă
Broom	Mătură
Curtains	Perdele
Door	Ușă
Fence	Gard
Fireplace	Vatră
Floor	Podea
Furniture	Mobilier
Garage	Garaj
Garden	Grădină
Keys	Chei
Kitchen	Bucătărie
Lamp	Lampă
Library	Bibliotecă
Mirror	Oglindă
Roof	Acoperiș
Room	Cameră
Shower	Duș
Wall	Perete
Window	Fereastră

Human Body
Corpul Uman

Ankle	Gleznă
Blood	Sânge
Bones	Oase
Brain	Creier
Chin	Bărbie
Ear	Ureche
Elbow	Cot
Face	Față
Finger	Deget
Hand	Mână
Head	Cap
Heart	Inimă
Jaw	Falcă
Knee	Genunchi
Leg	Picior
Mouth	Gură
Neck	Gât
Nose	Nas
Shoulder	Umăr
Skin	Piele

Jazz
Jazz

Album	Album
Applause	Aplauze
Artist	Artist
Composer	Compozitor
Composition	Compoziţie
Concert	Concert
Drums	Tobe
Emphasis	Accent
Famous	Celebru
Favorites	Favorite
Improvisation	Improvizaţie
Music	Muzică
New	Nou
Old	Vechi
Orchestra	Orchestră
Rhythm	Ritm
Song	Cântec
Style	Stil
Talent	Talent
Technique	Tehnică

Kitchen
Bucătărie

Apron	Şorţ
Bowl	Castron
Chopsticks	Beţişoare
Cups	Cupe
Food	Alimente
Forks	Furci
Freezer	Congelator
Grill	Grătar
Jar	Borcan
Jug	Ulcior
Kettle	Ceainic
Knives	Cuţite
Ladle	Polonic
Napkin	Şerveţel
Oven	Cuptor
Recipe	Reţetă
Refrigerator	Frigider
Spices	Condimente
Sponge	Burete
Spoons	Linguri

Landscapes
Peisaje

Beach	Plajă
Cave	Peşteră
Desert	Deşert
Geyser	Gheizer
Glacier	Gheţar
Hill	Deal
Iceberg	Aisberg
Island	Insulă
Lake	Lac
Mountain	Munte
Oasis	Oază
Ocean	Ocean
Peninsula	Peninsulă
River	Râu
Sea	Mare
Swamp	Mlaştină
Tundra	Tundră
Valley	Vale
Volcano	Vulcan
Waterfall	Cascadă

Literature
Literatură

Analogy	Analogie
Analysis	Analiză
Anecdote	Anecdotă
Author	Autor
Biography	Biografie
Comparison	Comparaţie
Conclusion	Concluzie
Description	Descriere
Dialogue	Dialog
Fiction	Ficţiune
Metaphor	Metaforă
Narrator	Narator
Novel	Roman
Poem	Poem
Poetic	Poetic
Rhyme	Rimă
Rhythm	Ritm
Style	Stil
Theme	Temă
Tragedy	Tragedie

Mammals
Mamiferele

Bear	Urs
Beaver	Castor
Bull	Taur
Cat	Pisică
Coyote	Coiot
Dog	Câine
Dolphin	Delfin
Elephant	Elefant
Fox	Vulpe
Giraffe	Girafă
Gorilla	Gorilă
Horse	Cal
Kangaroo	Cangur
Lion	Leu
Monkey	Maimuţă
Rabbit	Iepure
Sheep	Oaie
Whale	Balenă
Wolf	Lup
Zebra	Zebră

Math
Matematică

Angles	Unghiuri
Arithmetic	Aritmetică
Circumference	Circumferinţă
Decimal	Zecimal
Diameter	Diametru
Equation	Ecuaţie
Exponent	Exponent
Fraction	Fracţiune
Geometry	Geometrie
Numbers	Numere
Parallel	Paralel
Parallelogram	Paralelogram
Perimeter	Perimetru
Polygon	Poligon
Radius	Rază
Rectangle	Dreptunghi
Square	Pătrat
Symmetry	Simetrie
Triangle	Triunghi
Volume	Volum

Measurements
Măsurătorile

Byte	Byte
Centimeter	Centimetru
Decimal	Zecimal
Degree	Grad
Depth	Adâncime
Gram	Gram
Height	Înălţime
Inch	Inch
Kilogram	Kilogram
Kilometer	Kilometru
Length	Lungime
Liter	Litru
Mass	Masă
Meter	Metru
Minute	Minut
Ounce	Uncie
Ton	Tonă
Volume	Volum
Weight	Greutate
Width	Lăţime

Meditation
Meditaţie

Acceptance	Acceptare
Attention	Atenţie
Awake	Treaz
Breathing	Respiraţie
Calm	Calm
Clarity	Claritate
Compassion	Compasiune
Emotions	Emoţii
Gratitude	Recunoştinţă
Habits	Obiceiuri
Kindness	Bunătate
Mental	Mental
Mind	Minte
Movement	Mişcare
Music	Muzică
Nature	Natură
Peace	Pace
Perspective	Perspectivă
Silence	Tăcere
Thoughts	Gânduri

Music
Muzica

Album	Album
Ballad	Baladă
Chorus	Cor
Classical	Clasic
Eclectic	Eclectic
Harmonic	Armonic
Harmony	Armonie
Lyrical	Liric
Melody	Melodie
Microphone	Microfon
Musical	Muzical
Musician	Muzician
Opera	Operă
Poetic	Poetic
Recording	Înregistrare
Rhythm	Ritm
Rhythmic	Ritmic
Sing	Cânta
Singer	Cântăreţ
Vocal	Vocal

Musical Instruments
Instrumente Muzicale

Banjo	Banjo
Bassoon	Fagot
Cello	Violoncel
Clarinet	Clarinet
Drum	Tobă
Drumsticks	Copane
Flute	Flaut
Gong	Gong
Guitar	Chitară
Harp	Harpă
Mandolin	Mandolină
Marimba	Marimba
Oboe	Oboi
Percussion	Percuţie
Piano	Pian
Saxophone	Saxofon
Tambourine	Tamburină
Trombone	Trombon
Trumpet	Trompetă
Violin	Vioară

Mythology
Mitologie

Archetype	Arhetip
Behavior	Comportament
Beliefs	Credinţe
Creation	Creare
Creature	Făptură
Culture	Cultură
Deities	Zeităţi
Disaster	Dezastru
Heaven	Cer
Hero	Erou
Immortality	Nemurire
Jealousy	Gelozie
Labyrinth	Labirint
Legend	Legendă
Lightning	Fulger
Monster	Monstru
Mortal	Muritor
Revenge	Răzbunare
Thunder	Tunet
Warrior	Războinic

Nature
Natura

Animals	Animale
Arctic	Arctic
Beauty	Frumuseţe
Bees	Albine
Cliffs	Stânci
Clouds	Nori
Desert	Deşert
Dynamic	Dinamic
Erosion	Eroziune
Fog	Ceaţă
Foliage	Frunze
Forest	Pădure
Glacier	Gheţar
Peaceful	Paşnică
River	Râu
Sanctuary	Sanctuar
Serene	Senin
Tropical	Tropical
Vital	Vital
Wild	Sălbatic

Numbers
Numerele

Decimal	Zecimal
Eight	Opt
Eighteen	Optsprezece
Fifteen	Cincisprezece
Five	Cinci
Four	Patru
Fourteen	Paisprezece
Nine	Nouă
Nineteen	Nouăsprezece
One	Unu
Seven	Șapte
Seventeen	Șaptesprezece
Six	Șase
Sixteen	Șaisprezece
Ten	Zece
Thirteen	Treisprezece
Three	Trei
Twelve	Doisprezece
Twenty	Douăzeci
Two	Doi

Nutrition
Alimentație

Appetite	Apetit
Balanced	Echilibrat
Bitter	Amar
Calories	Calorii
Carbohydrates	Glucide
Diet	Dietă
Digestion	Digestie
Edible	Comestibil
Fermentation	Fermentație
Flavor	Aromă
Habits	Obiceiuri
Health	Sănătate
Healthy	Sănătos
Nutrient	Nutrient
Proteins	Proteine
Quality	Calitate
Sauce	Sos
Toxin	Toxină
Vitamin	Vitamină
Weight	Greutate

Ocean
Ocean

Algae	Alge
Boat	Barcă
Coral	Coral
Crab	Crab
Dolphin	Delfin
Eel	Anghilă
Fish	Pește
Jellyfish	Meduze
Octopus	Caracatiță
Oyster	Stridie
Reef	Recif
Salt	Sare
Shark	Rechin
Shrimp	Crevetă
Sponge	Burete
Storm	Furtună
Tides	Maree
Tuna	Ton
Waves	Valuri
Whale	Balenă

Philanthropy
Filantropie

Challenges	Provocări
Charity	Caritate
Children	Copii
Community	Comunitate
Contacts	Contacte
Finance	Finanța
Funds	Fonduri
Generosity	Generozitate
Global	Global
Goals	Obiectivele
Groups	Grupuri
History	Istorie
Honesty	Onestitate
Humanity	Umanitate
Mission	Misiune
Need	Nevoie
People	Oameni
Programs	Programe
Public	Public
Youth	Tineret

Physics
Fizică

Acceleration	Accelerare
Atom	Atom
Chaos	Haos
Chemical	Chimic
Density	Densitate
Electron	Electron
Engine	Motor
Expansion	Expansiune
Formula	Formulă
Frequency	Frecvență
Gas	Gaz
Magnetism	Magnetism
Mass	Masă
Mechanics	Mecanica
Molecule	Moleculă
Nuclear	Nuclear
Particle	Particulă
Relativity	Relativitate
Speed	Viteză
Universal	Universal

Plants
Plante

Bamboo	Bambus
Bean	Fasole
Berry	Bacă
Botany	Botanică
Bush	Tufiș
Cactus	Cactus
Fertilizer	Îngrășământ
Flora	Floră
Flower	Floare
Foliage	Frunze
Forest	Pădure
Garden	Grădină
Grass	Iarbă
Ivy	Iederă
Moss	Mușchi
Petal	Petală
Root	Rădăcină
Stem	Tulpină
Tree	Copac
Vegetation	Vegetație

Professions #1
Profesiile #1

Ambassador	Ambasador
Astronomer	Astronom
Attorney	Avocat
Banker	Bancher
Cartographer	Cartograf
Coach	Antrenor
Dancer	Dansator
Doctor	Doctor
Editor	Editor
Firefighter	Pompier
Geologist	Geolog
Hunter	Vânător
Jeweler	Bijutier
Musician	Muzician
Pianist	Pianist
Plumber	Instalator
Psychologist	Psiholog
Sailor	Marinar
Tailor	Croitor
Veterinarian	Veterinar

Professions #2
Profesiile #2

Astronaut	Astronaut
Biologist	Biolog
Dentist	Dentist
Detective	Detectiv
Engineer	Inginer
Farmer	Fermier
Gardener	Grădinar
Illustrator	Ilustrator
Inventor	Inventator
Journalist	Jurnalist
Librarian	Bibliotecar
Linguist	Lingvist
Painter	Pictor
Philosopher	Filozof
Photographer	Fotograf
Physician	Medic
Pilot	Pilot
Surgeon	Chirurg
Teacher	Profesor
Zoologist	Zoolog

Psychology
Psihologie

Appointment	Programare
Assessment	Evaluare
Behavior	Comportament
Childhood	Copilărie
Clinical	Clinic
Cognition	Cunoaştere
Conflict	Conflict
Dreams	Vise
Ego	Ego
Emotions	Emoţii
Ideas	Idei
Perception	Percepţie
Personality	Personalitate
Problem	Problemă
Reality	Realitate
Sensation	Senzaţie
Subconscious	Subconştient
Therapy	Terapie
Thoughts	Gânduri
Unconscious	Inconştient

Rainforest
Pădurea Tropicală

Amphibians	Amfibieni
Birds	Păsări
Botanical	Botanic
Climate	Climat
Clouds	Nori
Community	Comunitate
Diversity	Diversitate
Indigenous	Indigene
Insects	Insecte
Jungle	Junglă
Mammals	Mamifere
Moss	Muşchi
Nature	Natură
Preservation	Conservare
Refuge	Refugiu
Respect	Respect
Restoration	Restaurare
Species	Specie
Survival	Supravieţuire
Valuable	Valoros

Restaurant #2
Restaurantul #2

Appetizer	Aperitiv
Beverage	Băutură
Cake	Tort
Chair	Scaun
Delicious	Delicios
Dinner	Cina
Eggs	Ouă
Fish	Peşte
Fork	Furcă
Fruit	Fruct
Ice	Gheaţă
Lunch	Prânz
Salad	Salată
Salt	Sare
Soup	Supă
Spices	Condimente
Spoon	Lingură
Vegetables	Legume
Waiter	Chelner
Water	Apă

Science
Ştiinţă

Atom	Atom
Chemical	Chimic
Climate	Climat
Data	Date
Evolution	Evoluţie
Experiment	Experiment
Fact	Fapt
Fossil	Fosil
Gravity	Gravitaţie
Hypothesis	Ipoteză
Laboratory	Laborator
Method	Metodă
Minerals	Minerale
Molecules	Molecule
Nature	Natură
Organism	Organism
Particles	Particule
Physics	Fizică
Plants	Plante
Scientist	Om de Ştiinţă

Science Fiction
Operă Științifico-Fantas

Atomic	Atomic
Books	Cărți
Cinema	Cinema
Clones	Clone
Dystopia	Distopie
Explosion	Explozie
Extreme	Extrem
Fantastic	Fantastic
Fire	Foc
Futuristic	Futurist
Galaxy	Galaxie
Illusion	Iluzie
Imaginary	Imaginar
Mysterious	Misterios
Oracle	Oracol
Planet	Planetă
Robots	Roboți
Technology	Tehnologie
Utopia	Utopie
World	Lume

Scientific Disciplines
Disciplinele Științifice

Anatomy	Anatomie
Archaeology	Arheologie
Astronomy	Astronomie
Biochemistry	Biochimie
Biology	Biologie
Botany	Botanică
Chemistry	Chimie
Ecology	Ecologie
Geology	Geologie
Immunology	Imunologie
Kinesiology	Kinetoterapie
Linguistics	Lingvistică
Mechanics	Mecanica
Mineralogy	Mineralogie
Neurology	Neurologie
Physiology	Fiziologie
Psychology	Psihologie
Sociology	Sociologie
Thermodynamics	Termodinamică
Zoology	Zoologie

Shapes
Forme

Arc	Arc
Circle	Cerc
Cone	Con
Corner	Colț
Cube	Cub
Curve	Curbă
Cylinder	Cilindru
Edges	Margini
Ellipse	Elipsă
Hyperbola	Hiperbolă
Line	Linia
Oval	Oval
Polygon	Poligon
Prism	Prismă
Pyramid	Piramidă
Rectangle	Dreptunghi
Side	Parte
Sphere	Sferă
Square	Pătrat
Triangle	Triunghi

Spices
Condimente

Anise	Anason
Bitter	Amar
Cardamom	Cardamom
Cinnamon	Scorțișoară
Coriander	Coriandru
Cumin	Chimion
Curry	Curry
Fennel	Fenicul
Fenugreek	Schinduf
Flavor	Aromă
Garlic	Usturoi
Ginger	Ghimbir
Licorice	Lemn Dulce
Nutmeg	Nucșoară
Onion	Ceapă
Paprika	Paprika
Saffron	Șofran
Salt	Sare
Sweet	Dulce
Vanilla	Vanilie

The Company
Compania

Business	Afaceri
Creative	Creativ
Decision	Decizie
Employment	Angajare
Global	Global
Industry	Industrie
Innovative	Inovator
Investment	Investiții
Possibility	Posibilitate
Presentation	Prezentare
Product	Produs
Professional	Profesional
Progress	Progres
Quality	Calitate
Reputation	Reputatie
Resources	Resurse
Revenue	Venituri
Risks	Riscuri
Trends	Tendințe
Units	Unități

The Media
Mass-Media

Attitudes	Atitudini
Commercial	Comercial
Communication	Comunicare
Digital	Digital
Edition	Ediție
Education	Educație
Facts	Fapte
Funding	Finanțarea
Images	Imagini
Individual	Individual
Industry	Industrie
Intellectual	Intelectual
Local	Local
Magazines	Reviste
Network	Rețea
Newspapers	Presă
Online	Online
Opinion	Opinie
Public	Public
Radio	Radio

Time
Timp

Annual	Anual
Before	Înainte
Calendar	Calendar
Century	Secol
Clock	Ceas
Day	Zi
Decade	Deceniu
Early	Devreme
Future	Viitor
Hour	Oră
Minute	Minut
Month	Lună
Morning	Dimineață
Night	Noapte
Noon	Amiază
Now	Acum
Soon	Curând
Today	Azi
Week	Săptămână
Year	An

Town
Oraș

Airport	Aeroport
Bakery	Brutărie
Bank	Bancă
Bookstore	Librărie
Cafe	Cafenea
Cinema	Cinema
Clinic	Clinica
Florist	Florar
Gallery	Galerie
Hotel	Hotel
Library	Bibliotecă
Market	Piață
Museum	Muzeu
Pharmacy	Farmacie
School	Școală
Stadium	Stadion
Store	Magazin
Supermarket	Supermarket
Theater	Teatru
University	Universitate

Universe
Universul

Asteroid	Asteroid
Astronomer	Astronom
Astronomy	Astronomie
Atmosphere	Atmosferă
Celestial	Ceresc
Cosmic	Cosmic
Darkness	Întuneric
Eon	Eon
Galaxy	Galaxie
Hemisphere	Emisferă
Horizon	Orizont
Latitude	Latitudine
Moon	Luna
Orbit	Orbită
Sky	Cer
Solar	Solar
Solstice	Solstițiu
Telescope	Telescop
Visible	Vizibil
Zodiac	Zodiac

Vacation #2
Vacanță #2

Airport	Aeroport
Beach	Plajă
Camping	Camping
Destination	Destinație
Foreigner	Străin
Holiday	Vacanță
Hotel	Hotel
Island	Insulă
Journey	Călătorie
Leisure	Timp Liber
Map	Hartă
Passport	Pașaport
Reservations	Rezervări
Restaurant	Restaurant
Sea	Mare
Taxi	Taxi
Tent	Cort
Train	Tren
Transportation	Transport
Visa	Viză

Vegetables
Legume

Artichoke	Anghinare
Broccoli	Broccoli
Carrot	Morcov
Cauliflower	Conopidă
Celery	Țelină
Cucumber	Castravete
Eggplant	Vânătă
Garlic	Usturoi
Ginger	Ghimbir
Mushroom	Ciupercă
Onion	Ceapă
Parsley	Pătrunjel
Pea	Mazăre
Pumpkin	Dovleac
Radish	Ridiche
Salad	Salată
Shallot	Șalotă
Spinach	Spanac
Tomato	Roșie
Turnip	Nap

Vehicles
Autovehicule

Airplane	Avion
Ambulance	Ambulanță
Bicycle	Bicicletă
Boat	Barcă
Bus	Autobuz
Car	Mașină
Caravan	Caravană
Ferry	Bac
Helicopter	Elicopter
Motor	Motor
Raft	Plută
Rocket	Rachetă
Scooter	Scuter
Shuttle	Navetă
Submarine	Submarin
Subway	Metrou
Taxi	Taxi
Tires	Anvelope
Tractor	Tractor
Truck	Camion

Virtues #1
Virtuțile #1

Artistic	Artistic
Charming	Fermecător
Clean	Curat
Confident	Încrezător
Curious	Curios
Decisive	Decisiv
Efficient	Eficient
Funny	Amuzant
Generous	Generos
Good	Bun
Helpful	Util
Imaginative	Imaginativ
Independent	Independent
Intelligent	Inteligent
Modest	Modest
Passionate	Pasionat
Patient	Pacient
Practical	Practic
Reliable	De Încredere
Wise	Înțelept

Visual Arts
Arte Vizuale

Architecture	Arhitectură
Artist	Artist
Ceramics	Ceramică
Chalk	Cretă
Charcoal	Cărbune
Clay	Argilă
Composition	Compoziție
Creativity	Creativitate
Easel	Șevalet
Film	Film
Masterpiece	Capodoperă
Painting	Pictura
Pen	Pix
Pencil	Creion
Perspective	Perspectivă
Photograph	Fotografie
Portrait	Portret
Sculpture	Sculptură
Varnish	Lac
Wax	Ceară

Water
Apă

Canal	Canal
Damp	Umede
Evaporation	Evaporare
Flood	Inundații
Frost	Înghet
Geyser	Gheizer
Hurricane	Uragan
Ice	Gheață
Irrigation	Irigare
Lake	Lac
Moisture	Umiditate
Monsoon	Muson
Ocean	Ocean
Rain	Ploaie
River	Râu
Shower	Duș
Snow	Zăpadă
Steam	Abur
Stream	Curent
Waves	Valuri

Weather
Vremea

Atmosphere	Atmosferă
Breeze	Briză
Climate	Climat
Cloud	Nor
Drought	Secetă
Dry	Uscat
Fog	Ceață
Hurricane	Uragan
Ice	Gheață
Lightning	Fulger
Monsoon	Muson
Polar	Polar
Rainbow	Curcubeu
Sky	Cer
Storm	Furtună
Temperature	Temperatura
Thunder	Tunet
Tornado	Tornadă
Tropical	Tropicale
Wind	Vânt

Congratulations

You made it!

We hope you enjoyed this book as much as we enjoyed making it. We do our best to make high quality games.
These puzzles are designed in a clever way for you to learn actively while having fun!

Did you love them?

A Simple Request

Our books exist thanks your reviews. Could you help us by leaving one now?

Here is a short link which will take you to your order review page:

BestBooksActivity.com/Review50

MONSTER CHALLENGE!

Challenge #1

Ready for Your Bonus Game? We use them all the time but they are not so easy to find. Here are **Synonyms**!

Note 5 words you discovered in each of the Puzzles noted below (#21, #36, #76) and try to find 2 synonyms for each word.

Note 5 Words from **Puzzle 21**

Words	Synonym 1	Synonym 2

Note 5 Words from **Puzzle 36**

Words	Synonym 1	Synonym 2

Note 5 Words from **Puzzle 76**

Words	Synonym 1	Synonym 2

Challenge #2

ow that you are warmed-up, note 5 words you discovered in each Puzzle
oted below (#9, #17, #25) and try to find 2 antonyms for each word.
ow many lines can you do in 20 minutes?

Note 5 Words from **Puzzle 9**

Words	Antonym 1	Antonym 2

Note 5 Words from **Puzzle 17**

Words	Antonym 1	Antonym 2

Note 5 Words from **Puzzle 25**

Words	Antonym 1	Antonym 2

Challenge #3

Wonderful, this monster challenge is nothing to you!

Ready for the last one? Choose your 10 favorite words discovered in any of the Puzzles and note them below.

1.	6.
2.	7.
3.	8.
4.	9.
5.	10.

Now, using these words and within a maximum of six sentences, your challenge is to compose a text about a person, animal or place that you love!

Tip: You can use the last blank page of this book as a draft!

Your Writing:

Explore a Unique Store
Set Up **FOR YOU!**

MEGA DEALS

BestActivityBooks.com/**TheStore**

Designed for Entertainment!

Light Up Your Brain With Unique **Gift Ideas**.

Access **Surprising** And **Essential Supplies!**

CHECK OUT OUR MONTHLY SELECTION NOW!

- Expertly Crafted Products -

NOTEBOOK:

SEE YOU SOON!

Linguas Classics Team

BESTACTIVITYBOOKS.COM/FREEGAMES